ENSINO DE HABILIDADES BÁSICAS PARA PESSOAS COM AUTISMO

MANUAL PARA INTERVENÇÃO COMPORTAMENTAL INTENSIVA

Catalogação na Fonte
Elaborado por: Josefina A. S. Guedes
Bibliotecária CRB 9/870

G633e
2024

Gomes, Camila Graciella Santos
Ensino de habilidades básicas para pessoas com autismo: manual para intervenção comportamental intensiva / Camila Graciella Santos Gomes, Analice Dutra Silveira; ilustrações: Daniel Augusto Ferreira e Santos. - 32. ed. - Curitiba: Appris, 2024.
212 p. : il. color. ; 23 cm. - (Educação, tecnologias e transdisciplinaridade).

Inclui referências.
ISBN 978-65-250-6638-7

1. Autismo. 2. Autistas - Cuidados pessoais com a saúde. 3. Avaliação do comportamento. 4. Habilidades pessoais. I. Silveira, Analice Dutra. II. Título. III. Série.

CDD - 371.94

CEI
CENTRO DE ESTUDOS E INTERVENÇÃO PARA O DESENVOLVIMENTO HUMANO

Centro de Estudos e Intervenção para o Desenvolvimento Humano Ltda.
Rua Cura D'Ars, 880 - Prado, Belo Horizonte - MG, 30170-001
Tel: (31) 3019-8997 - (31) 2527-8617
http://www.ceidesenvolvimentohumano.com.br

Appris editora

Editora e Livraria Appris Ltda.
Av. Manoel Ribas, 2265 - Mercês
Curitiba/PR - CEP: 80810-002
Tel. (41) 3156 - 4731
www.editoraappris.com.br

Printed in Brazil
Impresso no Brasil

CAMILA GRACIELLA SANTOS GOMES
ANALICE DUTRA SILVEIRA

ILUSTRAÇÕES: DANIEL AUGUSTO FERREIRA E SANTOS

ENSINO DE HABILIDADES BÁSICAS PARA PESSOAS COM AUTISMO

MANUAL PARA INTERVENÇÃO COMPORTAMENTAL INTENSIVA

EDIÇÃO 32

Appris editora

FICHA TÉCNICA

EDITORIAL	Augusto V. de A. Coelho Marli Caetano Sara C. de Andrade Coelho
COMITÊ EDITORIAL	Andréa Barbosa Gouveia - UFPR Edmeire C. Pereira - UFPR Iraneide da Silva - UFC Jacques de Lima Ferreira - UP
ASSESSORIA EDITORIAL	Natalia Lotz Mendes
REVISÃO	Natalia Lotz Mendes
PRODUÇÃO EDITORIAL	Fernando Nishijima
DIAGRAMAÇÃO	Kelly Vaneli de Oliveira Francucci
CAPA	Kelly Vaneli de Oliveira Francucci
COMUNICAÇÃO	Carlos Eduardo Pereira Karla Pipolo Olegário
LIVRARIAS E EVENTOS	Estevão Misael
GERÊNCIA DE FINANÇAS	Selma Maria Fernandes do Valle

Este livro é dedicado a todas as crianças, adultos e adolescentes com autismo que nos motivaram a trabalhar neste projeto!

Aprendemos muito mais do que ensinamos!

A obra também é dedicada a um ícone da história do autismo no Brasil, a professora Margarida Windholz, que com o seu livro **Passo a passo seu caminho: guia curricular para o ensino de habilidades básicas***, nos inspirou a trabalhar com qualidade, a organizar o ensino e a acreditar que as pessoas com autismo poderiam apender, desde que estratégias adequadas de ensino fossem utilizadas.*

Estamos muito felizes pelo sucesso da primeira edição e pela possibilidade de publicação da segunda edição.

Escrever um livro técnico, fundamentado em Análise do Comportamento, de maneira didática e acessível a pais, familiares, educadores e profissionais diversos, não foi uma tarefa fácil e nem livre de críticas.

Skinner, maior teórico da Análise do Comportamento, poucos anos antes de falecer, escreveu um livro intitulado na publicação brasileira de "Viva bem a velhice". No prefácio ele afirmou que optou por utilizar menos termos "comportamentais" e mais termos do cotidiano, pois se não fosse assim "(...) o livro não serviria ao nosso presente propósito. Estaria fora do alcance milhões de pessoas (...).

Nosso propósito sempre foi produzir um material que estivesse ao alcance de pessoas interessadas em autismo e que não fossem necessariamente analistas do comportamento.

O livro está de "cara nova" e fizemos algumas alterações e atualizações para deixá-lo ainda mais interessante para o leitor.

Agradecemos imensamente a todos e todas que nos auxiliaram na publicação dessa edição: a equipe do CEI, a equipe da Appris e a Kel Vaneli.

Esperamos que gostem, desejamos uma ótima leitura e um excelente trabalho!

AGRADECIMENTOS

Este livro é resultado do trabalho árduo e apaixonado da equipe do CEI Desenvolvimento Humano. Temos muito a agradecer!

Agradecemos a todos os profissionais que fizeram parte desta história: Mariana Gonzaga, Filipe Melo, Luiza Lisboa, Robson Castro, Danielle Duarte, Ianaiara Oliveira, Cintia Vieira, Natalia Castro, Josiane do Carmo, Gabrielle Paiva, Patrícia Pantaleão, Carolina Mesquita, Willamy Loiola e Rafiza Lobato.

A todas as famílias que utilizaram os procedimentos e protocolos descritos no livro e que nos deram sugestões preciosas. Agradecemos especialmente à Meiry Geraldo (Marcelo) e à Josy Silva (Reinaldo), que foram as primeiras mães a "testar" este material. Agradecemos também às primeiras famílias que confiaram no nosso trabalho e que serviram de inspiração para melhorarmos nossos procedimentos e protocolos: Carline Nogueira, Cristiane Rios e Erick, Márcia Fonseca e José Maria, Raquel Rosa e Dárcio, Rita de Cassia Amorim, Cristina Mansur, Ana Bonisson e Eduardo.
Ao nosso ilustrador, Daniel, que com muita sensibilidade e competência fez um trabalho lindo.

À Thaize Reis, que fez a primeira revisão do texto e que nos incentivou bastante.

Aos nossos professores, que são nossos modelos e nossa principal fonte de inspiração, em especial: Maria Amélia Almeida, Enicéia Mendes, Ana Lúcia Aiello, Júlio de Rose, Elenice Hanna e Sandra Bernardes.

Agradecimentos mais do que especiais à professora Deisy de Souza; este trabalho não seria possível sem as suas orientações e incentivos.

Agradecemos também de maneira muito especial às nossas famílias, por todo apoio e carinho.

APRESENTAÇÃO

O autismo (TEA – Transtornos do Espectro do Autismo) é um transtorno do neurodesenvolvimento caracterizado por alterações na comunicação social e pela presença de interesses restritos, comportamentos repetitivos e estereotipados (American Psychiatry Association, 2013). Atualmente não há cura para o transtorno, porém há descrições na literatura a respeito de diversas intervenções terapêuticas que podem promover ganhos no desenvolvimento das pessoas afetadas e diminuição dos sintomas, resultando em melhora da qualidade de vida, independência e inserção social (Medavarapu et al., 2019).

Dentre as intervenções terapêuticas com maior evidência de efetividade estão os modelos de "Intervenção Comportamental Intensiva", conhecidos no Brasil como "Terapia ABA" (Romanczyk & McEachin, 2016), caracterizados por estimulações que ocorrem predominantemente de maneira individualizada (um educador para uma criança com autismo), realizadas por muitas horas semanais (de 15 a 40 horas), por pelo menos dois anos consecutivos, que abrangem várias áreas do desenvolvimento simultaneamente e que são fundamentadas em princípios de Análise do Comportamento (Baer, Wolf, & Risley, 1987).

A Análise do Comportamento é uma ciência que se interessa pelo estudo das variáveis que afetam os comportamentos (Todorov & Hanna, 2010). A aplicação dos princípios dessa ciência para a resolução de demandas socialmente relevantes é chamada de Análise do Comportamento Aplicada[6] (Applied Behavior Analysis – ABA) e não ocorre exclusivamente na área do autismo, mas em âmbitos diversos, como na clínica psicológica, na educação, na economia, no desempenho esportivo, entre outros. Tipicamente é feita uma análise da função dos comportamentos que são relevantes e das condições de ensino, em termos de arranjos ambientais e de variáveis motivacionais (consequências reforçadoras) para promover o desenvolvimento desses comportamentos (se ausentes) e seu fortalecimento, se eles ainda ocorrem de maneira incipiente (Skinner, 1968). Apesar da aplicação da Análise do Comportamento ocorrer em áreas diversas, observa-se um crescimento mais expressivo desse tipo de intervenção na área do autismo, especialmente no formato de Intervenção Comportamental Intensiva (Virués-Ortega, 2010), tópico que gera muitas dúvidas e questões que abordaremos a seguir.

1. ABA É UM TRATAMENTO NOVO PARA O AUTISMO?

Não. Apesar de muitas pessoas no Brasil terem a sensação de que a Análise do Comportamento Aplicada é uma abordagem recente para o tratamento do autismo, os primeiros estudos científicos sobre o tema datam da década de 1960 (Fester, 1961) e o estudo mais importante da área, e talvez um dos mais importantes da história do autismo, foi publicado por Lovaas na década de 1980 (Lovaas, 1987).

2. EXISTE "MÉTODO" ABA?

Não. A Análise do Comportamento é uma ciência e não um método. Como qualquer ciência, ela está em constante transformação e seus princípios servem para fundamentar intervenções em formatos variados. A maneira como esses princípios do comportamento serão aplicados vai depender do perfil da criança com autismo, dos objetivos traçados, da equipe de intervenção e da perícia do profissional. Situação análoga acontece quando um engenheiro planeja a construção de um prédio; ele se baseia nos princípios da física, porém o projeto depende de muitas variáveis, como as características do terreno, os materiais a serem utilizados, os custos, a equipe de trabalho e o prazo da obra. Nesse caso, não há um "método física" a ser utilizado, mas os princípios da física norteiam o trabalho do engenheiro. No caso da Análise do Comportamento acontece a mesma coisa; não há um "método ABA", mas intervenções fundamentadas nos princípios da ciência do comportamento. Dessa maneira, ABA se constitui como uma intervenção que é específica para cada contexto e que deve ser elaborada e supervisionada por um analista do comportamento (Baer, Wolf, & Risley, 1987).

3. QUALQUER PROFISSIONAL ESTÁ HABILITADO A UTILIZAR ABA?

Não. Intervenções comportamentais devem ser planejadas e supervisionadas por profissionais com formação em Análise do Comportamento. No Brasil, o processo de certificação de analistas do comportamento ainda é incipiente e infelizmente é difícil identificar quais profissionais são analistas do comportamento e quais não são. Por outro lado, a execução de uma intervenção comportamental pode e deve contar com a participação de pais, familiares, educadores e outros profissionais, como terapeutas especializados ou cuidadores.

Afirmar que uma intervenção comportamental tem que ser planejada e supervisionada por um analista do comportamento não significa dizer que somente esse profissional será responsável por toda a intervenção, ao contrário, ele precisará de parcerias para realizá-la. A situação é similar à da construção de um prédio, descrita no item anterior; o engenheiro planeja e supervisiona a construção do prédio, porém a execução da obra depende de muitas pessoas: pedreiros, eletricistas, arquitetos, donos da obra, entre outras. Cada pessoa tem o seu papel necessário, fundamental e único no sistema de trabalho e apesar da importância inegável do engenheiro, ele não será capaz de construir o prédio sozinho. Além disso, quanto mais os profissionais estiveram envolvidos e integrados no objetivo final, maiores serão as chances de sucesso. O mesmo acontece em uma intervenção comportamental planejada para uma pessoa com autismo: o resultado vai depender da equipe de trabalho e não exclusivamente do analista do comportamento.

É importante ressaltar que o autismo é um transtorno complexo, com muitos aspectos a serem trabalhados, e uma única área do conhecimento não será suficiente para atender a todas as demandas dessas pessoas. O trabalho em equipe sempre será necessário e cada membro dessa equipe tem um papel importante. Pais e demais cuidadores (familiares e babás) são os maiores conhecedores de suas crianças com autismo. Professores conhecem seu grupo de alunos, sua escola, o currículo e as dificuldades da criança com autismo naquele ambiente. Outros profissionais são especialistas em assuntos que o analista do comportamento não domina: por exemplo, terapeutas ocupacionais são ótimos conhecedores de adaptações ambientais e questões sensoriais e fonoaudiólogos são exímios conhecedores sobre motricidade oral, que pode influenciar fortemente no desenvolvimento da fala.

Analistas do comportamento são excepcionais conhecedores sobre as variáveis que afetam a aprendizagem de comportamentos novos; sabem planejar o ensino, avaliar alternativas e medir a efetividade de uma determinada intervenção. Por isso, têm contribuições importantes no tratamento do autismo, que consiste basicamente no ensino de habilidades para melhorar o desenvolvimento da pessoa afetada. Apesar dessa importância, o trabalho do analista do comportamento não será suficiente e dependerá de boas parcerias.

4. COMO A ANÁLISE DO COMPORTAMENTO PODE SER APLICADA AO TRATAMENTO DO AUTISMO? DE MANEIRA DIDÁTICA HÁ TRÊS FORMAS:

A) Aplicada a uma demanda específica: o profissional pode utilizar a ciência do comportamento para fazer uma intervenção delimitada, com um objetivo específico, como diminuir as birras ou ensinar matemática. Nesse caso, o profissional foca em uma ou em algumas (poucas) demandas da pessoa com autismo.

B) Aplicada subsidiando uma intervenção padrão: alguns recursos e programas educacionais direcionados a pessoas com autismo são fundamentados em análise do comportamento. Um exemplo é o PECS (Frost & Bondy, 1994), um sistema de comunicação baseado na troca de figuras para favorecer a comunicação de pessoas com autismo que não falam ou que falam, mas apresentam dificuldades em usar a fala com função comunicativa. A metodologia do PECS utiliza modelagem, ensino discriminativo, encadeamento e reforço diferencial, que são estratégias de ensino oriundas da Análise do Comportamento.

C) Aplicada na Intervenção Comportamental Intensiva: esse tipo de intervenção ocorre por 15 a 40 horas semanais (ex. de 3 a 8 horas de terapia por dia, cinco vezes por semana), tendo um educador (pais, babás, estagiários, mediadores ou profissionais) para uma criança, que estimula várias áreas do desenvolvimento ao mesmo tempo (ex. contato visual, imitação, comunicação, cognição, autocuidados, sociais, acadêmicas, entre outras) e que acontece, em média, por dois a três anos consecutivos.

5. O QUE SE PODE ESPERAR DE UMA TERAPIA ABA?

Quando a literatura científica indica que intervenções comportamentais são as que apresentam os melhores resultados no tratamento do autismo, não significa necessariamente que qualquer intervenção comportamental apresente os mesmos resultados. As intervenções comportamentais que apresentam os melhores resultados cientificamente demonstrados são as Intervenções Comportamentais Intensivas, realizadas por 15 a 40 horas semanais. Há dezenas de estudos desde a década de 1980 demonstrando os bons efeitos desse tipo de terapia comportamental no desenvolvimento de crianças com autismo (Warren et al, 2011). Assim, não basta "fazer ABA", deve-se fazer Intervenção Comportamental Intensiva (Terapia ABA intensiva) para a obtenção dos melhores resultados.

6. POR QUE SE CONSIDERA QUE A INTERVENÇÃO COMPORTAMENTAL INTENSIVA É A MELHOR ABORDAGEM PARA O TRATAMENTO DO AUTISMO?

Apesar do aumento do número de casos de autismo e do incremento das pesquisas nas últimas décadas, apenas os estudos que descreveram Intervenções Comportamentais Intensivas demonstraram, até o momento, efeitos amplos e significativos no desenvolvimento de muitas crianças com autismo. Pesquisas com outros tipos de terapia, medicações, tratamentos alternativos ou mesmo pesquisas com intervenções comportamentais não intensivas (realizadas por menos de 10 horas semanais), não apresentaram efeitos substanciais no desenvolvimento de crianças com autismo.

7. QUAIS SÃO OS CRITÉRIOS PARA SE OBTER OS MELHORES RESULTADOS EM UMA INTERVENÇÃO COMPORTAMENTAL INTENSIVA?

A literatura científica (Aiello, 2002) indica que os modelos de

Intervenção Comportamental Intensiva que apresentaram os melhores resultados são firmemente fundamentados em Análise do Comportamento; começam o mais precocemente possível; acontecem por 15 a 40 horas semanais; ensinam habilidades variadas simultaneamente; contam com a participação da família; e preocupam-se com a manutenção e a generalização das habilidades aprendidas.

8. QUAIS SÃO AS PRINCIPAIS DIFICULDADES ENCONTRADAS PARA SE FAZER INTERVENÇÃO COMPORTAMENTAL INTENSIVA?

As principais dificuldades relacionadas à implantação desse tipo de terapia estão relacionadas à escassez de profissionais e ao alto custo financeiro. A demanda de pessoas com autismo é muito maior do que a oferta de profissionais e a necessidade de estimulação por muitas horas semanais pode encarecer o tratamento.

Dificuldades relacionadas ao acesso a Intervenções Comportamentais Intensivas, historicamente, não ocorrem apenas no Brasil; Smith e colaboradores (2000) ressaltaram que a escassez de profissionais e o alto custo financeiro desse tipo de intervenção, em função das muitas horas semanais de terapia necessárias, dificultam a obtenção do tratamento em diversos países. Esses pesquisadores enfatizaram que se tornou inviável utilizar profissionais especializados para realizar todo o tratamento e que a solução mais comum para implementar esse tipo de intervenção tem sido por meio do emprego de cuidadores (pais, familiares, babás, estagiários e entre outros) para a realização das estimulações, com orientação e supervisão de terapeutas comportamentais capacitados.

9. É POSSÍVEL CAPACITAR CUIDADORES PARA A INTERVENÇÃO COMPORTAMENTAL INTENSIVA?

É sim e o modelo de Intervenção Comportamental Intensiva do CEI é voltado para a capacitação dos cuidadores; ou seja, as estratégias descritas neste livro foram planejadas para serem aplicadas por pais, familiares, babás, estagiários, entre outros, mesmo que não tenham formação em Análise do Comportamento.

10. O MODELO DO CEI FUNCIONA?

Sim! O CEI também é um centro de pesquisa que faz parte do Instituto Nacional de Ciência e Tecnologia Sobre Comportamento, Cognição e Ensino. Realizamos pesquisas científicas com o intuito de avaliar a efetividade das estratégias de intervenção que utilizamos. Até o momento quatro artigos científicos publicados apresentaram dados sobre a efetividade da utilização desse manual para a Intervenção Comportamental Intensiva realizada por meio da capacitação dos cuidadores.

No primeiro estudo, Gomes, de Souza, Silveira e Oliveira (2017) avaliaram os efeitos do primeiro ano de Intervenção Comportamental Intensiva, realizada por cuidadores capacitados, no desenvolvimento de nove crianças com autismo, com idades entre 1 ano e 3 meses e 2 anos e 11 meses, atendidas pelo CEI. As crianças foram avaliadas, no início e ao término da intervenção, por instrumentos que mediam várias áreas do desenvolvimento infantil e os resultados indicaram melhoras em todas as áreas, decorrentes da intervenção. No segundo estudo, Gomes et al. (2019), utilizando um delineamento de grupo, avaliaram os efeitos desse tipo de intervenção, realizada por meio de cuidadores capacitados, no desenvolvimento de crianças com autismo e compararam as crianças que realizaram a intervenção com crianças que não realizaram. As crianças foram avaliadas, no início e ao término da intervenção, por instrumentos que mediam várias áreas do desenvolvimento infantil e os resultados indicaram melhoras significativas em todas as áreas das crianças que passaram pela intervenção intensiva, enquanto as crianças do outro grupo apresentaram ganhos menos expressivos. No terceiro trabalho, Andalécio e colaboradores (2019) apresentaram um estudo de caso com uma criança com autismo gravemente comprometida e não falante. A intervenção ocorreu por 40 horas semanais em ambiente domiciliar e escolar, por meio da capacitação dos cuidadores, ao longo de cinco anos consecutivos. Instrumentos padronizados foram utilizados para medir o desenvolvimento da criança ao longo dos anos e os resultados gerais indicaram melhoras em várias áreas do desenvolvimento. No quarto estudo, Gomes e colaboradores (2021) analisaram os efeitos do uso de Tecnologias da Informação e Comunicação para a capacitação de cuidadores de crianças com autismo, em um contexto de Intervenção Comportamental Intensiva. Participaram do estudo 24 crianças com o diagnóstico de autismo, com idades entre 3 anos e 2 meses e 8 anos e 10 meses e seus respectivos cuidadores. Os cuidadores realizaram as estimulações comportamentais e intensivas com as crianças com autismo e foram orientados por profissionais especializados, porém essa orientação ocorreu por meio do uso de Tecnologias da Informação e Comunicação, estando profissionais e cuidadores em locais diferentes. O desenvolvimento dos participantes com autismo foi avaliado antes e após a intervenção por instrumentos padronizados que mediam várias áreas do desenvolvimento infantil e os resultados indicaram melhoras em todas as áreas.

O objetivo deste livro/manual é auxiliar familiares, educadores e profissionais a estruturar o ensino de Habilidades Básicas para suas crianças com autismo, no âmbito da Intervenção Comportamental Intensiva. Habilidades

Básicas são constituídas por comportamentos simples e iniciais, que por sua vez, são requisitos para aprendizagens mais complexas (por exemplo, o contato visual é uma habilidade básica que é requisito para comportamentos mais complexos, como falar ou interagir socialmente).

O livro apresenta um currículo que pode ser de grande utilidade para direcionar a o primeiro ano de Terapia ABA intensiva com crianças que apresentam autismo ou outros transtornos do desenvolvimento, que não falam ou falam pouco, e que têm idade entre 1 e 6 anos. Os procedimentos de ensino são descritos por meio de ilustrações didáticas e há protocolos para o registro das atividades, que têm a função de auxiliar na verificação da aprendizagem. Sugerimos que este livro seja utilizado simultaneamente ao livro *Ensino de Habilidades de Autocuidados para Pessoas com Autismo (Silveira & Gomes, 2019)*, para efeitos mais robustos no desenvolvimento da criança.

É importante ressaltar que o uso deste manual não dispensa a supervisão de um analista do comportamento nem dispensa o acompanhamento por outros profissionais especializados, como terapeutas ocupacionais e fonoaudiólogos.

O material apresentado neste livro, em sua totalidade, foi desenvolvido e testado pela equipe de profissionais do CEI Desenvolvimento Humano, que é uma instituição brasileira, de Belo Horizonte MG, especializada no atendimento a pessoas com autismo e outros transtornos do desenvolvimento.

Desejamos a você um ótimo trabalho e que este material possa contribuir com o desenvolvimento de sua criança com autismo!

Camila e Analice

PREFÁCIO

A gravidade da sintomática dos Transtornos do Espectro do Autismo (TEA) e sua incidência crescente na população, que não discrimina nacionalidade nem nível socioeconômico, tem preocupado famílias e profissionais nas áreas de saúde e educação. A boa notícia é que o avanço científico tem desenvolvido instrumentos para o diagnóstico cada vez mais precoce do transtorno (o que pode estar relacionado, em parte, ao aumento da incidência: casos não identificados em décadas passadas, são atualmente diagnosticados muito mais cedo) e, mais do que isso, tem mostrado como lidar com as alterações comportamentais que implicam desvios e atrasos no curso do desenvolvimento infantil.

Como salientam as autoras do manual, ainda não há cura para o autismo, mas uma intervenção comportamental, sistemática e intensiva, pode ter um efeito muito significativo na melhora dos comportamentos, tornando a pessoa com autismo apta a participar e usufruir ao máximo das oportunidades em seu ambiente familiar, social, acadêmico.

Tanto os indivíduos no espectro (que é altamente variável e diversificado, como ocorre com qualquer outra característica humana - por isso o termo espectro), quanto seus familiares e cuidadores, podem aprender muito uns com os outros e alcançar excelentes níveis de qualidade de vida quando são plenamente incluídos em todos os ambientes significativos (na família, na escola, na comunidade mais ampla) e têm acesso a uma intervenção eficaz.

EM QUE CONSISTE UMA INTERVENÇÃO EFICAZ?

Consiste simplesmente em ensinar a criança com autismo, de maneira sistemática, organizada, muitas vezes por dia, por muitas horas por semana.

MAS O QUE ENSINAR A UMA CRIANÇA COM AUTISMO E COMO SABER SE O ENSINO É BEM SUCEDIDO?

Crianças com autismo precisam, e na maioria dos casos podem, aprender os mesmos comportamentos que crianças sem atrasos de desenvolvimento aprendem com relativa facilidade, de modo que muitas vezes nem se nota o quanto estão aprendendo a cada dia. A medida do sucesso é dada pelos produtos da aprendizagem, que podem ser observados à medida que a criança progride.

É isto: estamos falando de ensino (não de medicamentos nem de tratamentos terapêuticos de procedência nem sempre confiável).

Em se tratando de ensino, essa é uma área para a qual a Psicologia e especialmente a Análise do Comportamento, tem importantes contribuições cientificas e que se traduzem facilmente em instrumentos, em tecnologias para ensinar com sucesso (o que vale tanto para ensinar crianças com atraso, quanto para promover o ensino de qualidade em qualquer nível acadêmico). Mas, como ressaltam as autoras deste manual, o autismo é um transtorno caracterizado por atraso no desenvolvimento e dificuldades de aprendizagem, por isso ensinar a essas crianças da mesma maneira que se ensina a crianças sem autismo pode ser pouco efetivo. É aí que entram os desenvolvimentos da Análise do Comportamento para promover aprendizagem bem sucedida. Um dos aspectos fundamentais para o sucesso no âmbito do autismo "é o ensino sistemático e simultâneo de habilidades em várias áreas do desenvolvimento. Isso significa que muitos comportamentos serão ensinados ao mesmo tempo". Se, por um lado, isso acarreta um grande desafio para coordenar o ensino e aferir a aprendizagem, por outro, implica a vantagem de promover progressos significativos em várias áreas relevantes para a atuação da criança em seu ambiente.

COMO É O ACESSO À INTERVENÇÃO COMPORTAMENTAL EFETIVA?

Em geral, o acesso ainda é difícil e custoso, por muitas razões:

• Muitas famílias não contam com informações suficientes sobre o significado e o prognóstico evolutivo do filho ou filhos com autismo, sobre onde procurar ajuda, recursos disponíveis na comunidade, direitos da criança. Em poucas palavras: as pessoas ficam perdidas e com muita dificuldade de tomar iniciativas na busca por ajuda;

• No Brasil, a disponibilidade de profissionais qualificados para oferecer os serviços necessários ainda é muito reduzida, seja como prática privada ou nos serviços públicos de educação e saúde;

• Os custos de serviços prestados por profissionais, quando existem, são altos e estão fora do alcance de grande parcela da população no espectro do autismo.

SE HÁ POSSIBILIDADE DE INTERVENÇÕES BEM SUCEDIDAS, COMO AUMENTAR O ACESSO A SEUS BENEFÍCIOS?

• É preciso promover uma ponte entre os centros de produção de conhecimento (a academia) e quem pode se beneficiar dele. Dispomos de pelo menos dois caminhos: pela formação de profissionais aptos a aplicar a ciência à melhoria da vida (de autistas e das pessoas de seu círculo) e pela ampla divulgação dos avanços científicos, dos serviços disponíveis, dos benefícios de se enfrentar o diagnóstico e assegurar ao indivíduo com autismo a melhor intervenção possível, na intensidade necessária para produzir efeitos positivos.

• O papel de profissionais críticos e comprometidos é não apenas aplicar o que foi desenvolvido nas universidades e centros de pesquisa: é empreenderem eles mesmos a investigação cientifica como parte de seu trabalho de intervenção e compartilharem seu conhecimento com as crianças e suas famílias.

UM MODELO DE INTERVENÇÃO BEM SUCEDIDA E ACESSÍVEL

O trabalho no Centro de Estudos e Intervenção para o Desenvolvimento Humano (CEI) de Belo Horizonte, liderado por Camila Gomes, reflete, por um lado, a busca incessante de Camila por conhecimento (que ela procurou em cursos de mestrado e doutorado e em estágio de pós-doutorado na Universidade Federal de São Carlos), tanto o produzido em outros centros, como o que ela mesma produziu em suas relevantes e originais pesquisas com crianças com autismo; por outro lado, reflete os resultados de anos de prática de intervenção cientificamente embasada, nos quais as autoras avaliaram suas próprias práticas, retendo e aperfeiçoando as que se mostraram efetivas e descartando as que se mostraram custosas ou inviáveis, sempre em função de dificuldades e necessidades apresentadas pelas peculiaridades do comportamento individual.

Como membro do Instituto Nacional de Ciência e Tecnologia sobre Comportamento, Cognição e Ensino, Camila tem contribuído para os objetivos e o programa do Instituto, atuando na pesquisa científica, em sua tradução na prática clínica e educacional e, principalmente, nos esforços para garantir o acesso da população com autismo e seus familiares ao que há de mais avançado nessa área.

Muito cedo Camila descobriu que não tinha horas suficientes em seu dia para atender todos que precisavam das intervenções; mesmo que o Centro aumentasse em muito as dimensões da equipe, isso ainda seria insuficiente para atender a toda a demanda. Havia ainda o problema do custo financeiro que o tratamento conduzido por profissionais pode representar para muitas famílias, mesmo quando se procura praticar preços acessíveis.

Foi então que ela e sua equipe desenvolveram um modelo de ensino e assessoria que se iguala aos melhores do mundo, ultrapassa a visão da intervenção conduzida por um terapeuta de alto custo e multiplica muito os benefícios para a população. Ela escolheu ensinar cuidadores (familiares, professores, babás) a realizarem práticas cientificamente embasadas, na intensidade recomendada para sua eficácia na promoção da aprendizagem e do desenvolvimento de crianças com autismo. Para fazer isso, ela vem traduzindo o conhecimento científico em termos acessíveis, com o uso de exemplos, de demonstrações e instruções claras, de feedbacks encorajadores, de modo a levar os cuidadores a acreditarem que são capazes, incentivando-os, encontrando maneiras de ajudá-los a evidenciar objetivamente os progressos, desafiando-os em momentos de desanimo ou descrença.

CRIANDO ALTERNATIVAS PARA AMPLIAR O ALCANCE DA INTERVENÇÃO COMPORTAMENTAL: O MANUAL ENSINO DE HABILIDADES BÁSICAS PARA PESSOAS COM AUTISMO

Ciente de seu importante papel social em sua esfera de atuação, o CEI tinha clareza de que era preciso assegurar maneiras de replicar o programa de preparação de cuidadores e estendê-lo para outros profissionais. Claro que existem muitas maneiras e iniciativas para se fazer isso, mas um instrumento muito poderoso é a informação escrita, pelo seu caráter de permanência e facilidade de difusão. Este manual é o primeiro do CEI - que espero seja o primeiro de uma série - e tem enorme potencial para favorecer o engajamento de cuidadores na condução de intervenção comportamental com suas crianças. O manual é um roteiro acessível para o planejamento e a condução de atividades amplamente testadas para promover e avaliar a aprendizagem de habilidades básicas por parte de pessoas com autismo em um primeiro ano de ensino. Ele apresenta um "currículo" bem estruturado, no sentido de que aponta os comportamentos ou habilidades a serem ensinados (os alvos do ensino), descreve tipos de atividades a serem conduzidas (as oportunidades para a criança se comportar e exercitar seus comportamentos) e descreve os procedimentos para conduzir as atividades, para registrar os progressos (ou insucessos) do aprendiz e para coordenar o ensino de várias habilidades ao mesmo tempo (em diferentes horários e situações ao longo do dia).

As habilidades são consideradas básicas, mas são extremamente relevantes, porque sobre elas se sustentará o desenvolvimento de habilidades mais complexas: elas envolvem conjuntos de comportamentos de Atenção, Imitação, Linguagem Receptiva e Expressiva (isto é, compreender a fala dos outros, incluindo seguir instruções e ser capaz de produzir informações aos outros sobre suas necessidades, preferências etc.) e Pré-acadêmicas. A estrutura para ensiná-las está muito bem organizada e descrita nos Programas de Ensino (28 no total).

Mas o manual não se limita a apresentar os programas de ensino: ele descreve, em linguagem sucinta e de fácil compreensão, alguns princípios fundamentais sobre o funcionamento do comportamento. Um dos princípios por exemplo, é o de que as consequências de um comportamento são fundamentais para sua aprendizagem. Com consequências suficientemente importantes para uma pessoa, pode-se ensinar a ela praticamente qualquer comportamento (desde que se comece com alguma coisa que a pessoa possa fazer logo de início). Se, por um lado, é animador saber que se pode ensinar comportamentos relevantes e significativos, por outro lado, é importante saber que muitos comportamentos inadequados (geralmente aqueles que mais perturbam ou incomodam os cuidadores), também são aprendidos de acordo com os mesmos princípios. Entender os princípios pode ajudar muito os profissionais e os cuidadores a compreender o porquê das instruções sobre como conduzir o ensino; mais do que isso, pode garantir certo grau de flexibilidade para enfrentar a variabilidade que diferentes crianças podem apresentar durante as atividades de ensino e para evitar o ensino incidental, mas indesejável, de comportamentos inadequados.

O manual também apresenta critérios importantes, tanto do ponto de vista científico quanto do ponto de vista ético. Por exemplo, mostra como é imprescindível uma avaliação criteriosa dos comportamentos da criança (o que permite identificar o ensino que se faz necessário e descartar práticas repetitivas, que não teriam função se a criança já apresenta certo conjunto de habilidades) antes de iniciar a intervenção. Mostra, também, que continuar realizando avaliações objetivas ao longo de todo o trabalho também é fundamental para a contínua tomada de decisões em benefício do sucesso e do bem-estar da criança. Ao fornecer protocolos de registro altamente estruturados (fruto de anos de trabalho testando as melhores formas de levar os cuidadores a fazer registros confiáveis, mas que não envolvam um custo muito alto de resposta), o material contribui para encurtar um caminho que muitas vezes deixa de ser seguido pela falta de conhecimento sobre como fazer.

As autoras mostraram claramente, em seu trabalho cotidiano, e neste manual para intervenções iniciais sobre o comportamento de crianças com autismo, a viabilidade da realização das atividades por cuidadores, com a supervisão de profissionais especializados. Estou certa de que o manual poderá ser um importante instrumento no trabalho de profissionais e cuidadores – um verdadeiro trabalho de transformação social no âmbito das interações cotidianas de crianças com autismo em seu meio mais imediato.

Às autoras, deixo duas mensagens. A primeira, de gratidão por ver seu esforço para transformar ciência em melhoria da vida e por sua generosidade em compartilhar suas descobertas, em ensinar outros a fazer como elas. Elas estão entregando, por escrito, sem restrições, aquilo que poderiam guardar como segredo profissional, que lhes asseguraria mais e mais clientes... mas sei que em sua visão de mundo e de profissão, o que elas mais querem é que o maior número possível de crianças e de famílias tenha acesso e se beneficie dos avanços científicos para promover o desenvolvimento das crianças com autismo. A segunda, é de encorajamento, para que continuem a produzir novos manuais, desta vez para o ensino de habilidades mais complexas, incluindo leitura e escrita, uma especialidade da Camila Gomes, que tem muito o que ensinar.

Aos usuários do manual, deixo o depoimento de quem tem acompanhado de perto o grande sucesso encontrado por essa equipe, não apenas em lidar diretamente com crianças com autismo, mas também em ensinar familiares e cuidadores a se transformarem em verdadeiros professores, continuamente engajados, horas e horas por dia (como se faz necessário) no ensino de suas crianças. Por último, mas não menos importante, deixo uma recomendação: se decidirem aplicar o currículo proposto e contribuir para o efetivo desenvolvimento de suas crianças, que o façam como se deve. Qualquer tentativa de fazer mais ou menos (encurtar caminho, ensinar por menos horas do que o recomendado, deixar de registrar, querer realizar sem a supervisão sistemática de um profissional capacitado, e assim por diante) poderá levar a um desastroso insucesso, com sérias implicações éticas, na violação do direito da criança a uma aprendizagem bem sucedida, conduzida de maneira agradável, mas firme e incansável.

Profª. Drª. Deisy das Graças de Souza

Professora titular da Universidade Federal de São Carlos Docente do Programa de Pós-Graduação em Psicologia e do Programa de Pós-Graduação em Educação Especial da UFSCar

Coordenadora do Instituto Nacional de Ciência e Tecnologia sobre Comportamento, Cognição e Ensino

SUMÁRIO

AVALIAÇÃO DO DESENVOLVIMENTO

A primeira coisa a ser feita antes de utilizar este manual é avaliar o desenvolvimento da criança com autismo. Há alguns instrumentos disponíveis, adaptados e/ou validados para a população brasileira, que podem ser bastante úteis (Leon, et al., 2004; Williams & Aiello, 2001; Silva, de Mendonça Filho, & Bandeira, 2020). Essa avaliação tem que ser feita necessariamente por profissionais especializados (psicólogos, terapeutas ocupacionais, fonoaudiólogos, entre outros) e cada profissional vai saber escolher qual é o instrumento mais adequado para cada criança.

A função desse tipo de avaliação é obter uma visão geral a respeito do desenvolvimento da criança; como o autismo é um transtorno que afeta várias áreas do desenvolvimento infantil, é importante ter uma medida que indique quais áreas estão atrasadas, qual é o tamanho do atraso em cada área e quais áreas estão de acordo com o que é esperado para a idade cronológica da criança. Essa "fotografia" do desenvolvimento da criança vai auxiliar no planejamento da Intervenção Comportamental Intensiva, sugerindo quais áreas devem ser estimuladas e em que proporção, pois o objetivo da intervenção deve ser o de aproximar ao máximo o desenvolvimento da criança com autismo ao desenvolvimento de crianças típicas, sem autismo ou quaisquer outros tipos de transtornos do desenvolvimento.

A Figura 1 apresenta uma ilustração baseada na Escala de Desenvolvimento do *Psychoeducational Profile-Revised*- PEP-R (Schopler et al., 1990), que é um dos instrumentos que podem ser utilizados para medir o desenvolvimento de crianças com autismo. Esse instrumento avalia tanto atraso no desenvolvimento como comportamentos típicos de autismo e oferece informações sobre sete áreas na Escala de Desenvolvimento: imitação, percepção, coordenação motora fina, coordenação motora grossa, integração olho mão, desenvolvimento cognitivo e cognitivo verbal, além de uma medida global do desenvolvimento em Pontuação do Desenvolvimento. Na parte superior estão as áreas do desenvolvimento, das quais partem linhas verticais. Nas laterais há uma régua que permite comparar o desempenho da criança com autismo que está sendo avaliada com o que é esperado para uma criança típica.

A ilustração apresentada na Figura 1 retrata o resultado da aplicação do PEP-R em uma criança de 3 anos com autismo. A linha horizontal tracejada em azul indica como deveria estar o desenvolvimento da criança. As bolinhas vermelhas em cada linha vertical indicam como está o desenvolvimento em cada uma das áreas; bolinha vermelha abaixo da linha horizontal tracejada em azul indica atraso no desenvolvimento e bolinha vermelha acima dessa linha indica desenvolvimento de acordo com o que é esperado para a idade cronológica. Observe que a criança avaliada apresenta um desenvolvimento irregular (ressaltado pelo tracejado em vermelho) com atraso em quase todas as áreas do desenvolvimento, exceto em coordenação motora grossa. O tamanho do atraso também varia de uma área para outra (ex.: o atraso em desenvolvimento cognitivo é maior do que em imitação). A Pontuação do Desenvolvimento (Pontuação Desenvolv.) indica que o desenvolvimento global da criança avaliada é semelhante ao de uma criança de 2 anos; isso significa que há aproximadamente 12 meses de atraso no desenvolvimento.

O objetivo da Intervenção Comportamental Intensiva é aproximar, ao máximo, o desenvolvimento da criança com autismo ao desenvolvimento de uma criança típica, por meio do ensino intensivo e sistemático dos comportamentos que a criança com autismo ainda não é capaz de realizar e que deixam o desenvolvimento dela em atraso. Isso significa que, no caso da criança da Figura 1, o objetivo final, após 12 meses de intervenção, deve ser o de aproximar o desenvolvimento dela ao de uma criança típica de 4 anos, pois após 12 meses de tratamento a criança com autismo estará com 4 anos. Dessa maneira, a intervenção deve se preocupar em recuperar o que está atrasado (12 meses), mas também em acompanhar o desenvolvimento típico (mais 12 meses).

Outro aspecto importante sobre as avaliações do desenvolvimento é que elas podem auxiliar no planejamento da intervenção. Observando a Figura 1 pode-se perceber que a criança apresenta atraso na maioria das áreas do desenvolvimento, exceto em coordenação motora grossa. O tamanho do atraso em cada uma das áreas é variado: déficits maiores são observados em desenvolvimento cognitivo e em cognitivo verbal. O resultado da avaliação sugere que é mais fácil para a criança aprender habilidades nas áreas de imitação, percepção, coordenação motora fina e integração olho mão, pois o atraso é menor. Por outro lado, apesar de ser mais fácil estimular essas áreas, é fundamental dar maior ênfase ao ensino de habilidades nas áreas de desenvolvimento cognitivo e cognitivo verbal, que são as áreas nas quais a criança apresenta maiores dificuldades. Além disso, ensinar habilidades relacionadas à coordenação motora grossa não são fundamentais nesse momento da vida da criança, pois ela não apresenta atraso nessa área.

Pode-se concluir que esse tipo de avaliação é bastante útil para compreender o desenvolvimento da criança e para planejar a intervenção. A impossibilidade da aplicação de avaliações do desenvolvimento não impede o uso deste manual. Porém, esse tipo de avaliação pode potencializar o uso do manual, pois com informações a respeito do desenvolvimento da criança você poderá direcionar a intervenção para o ensino das habilidades que são realmente necessárias, sem perder tempo com o ensino de habilidades que não são fundamentais ou que a criança já é capaz de fazer.

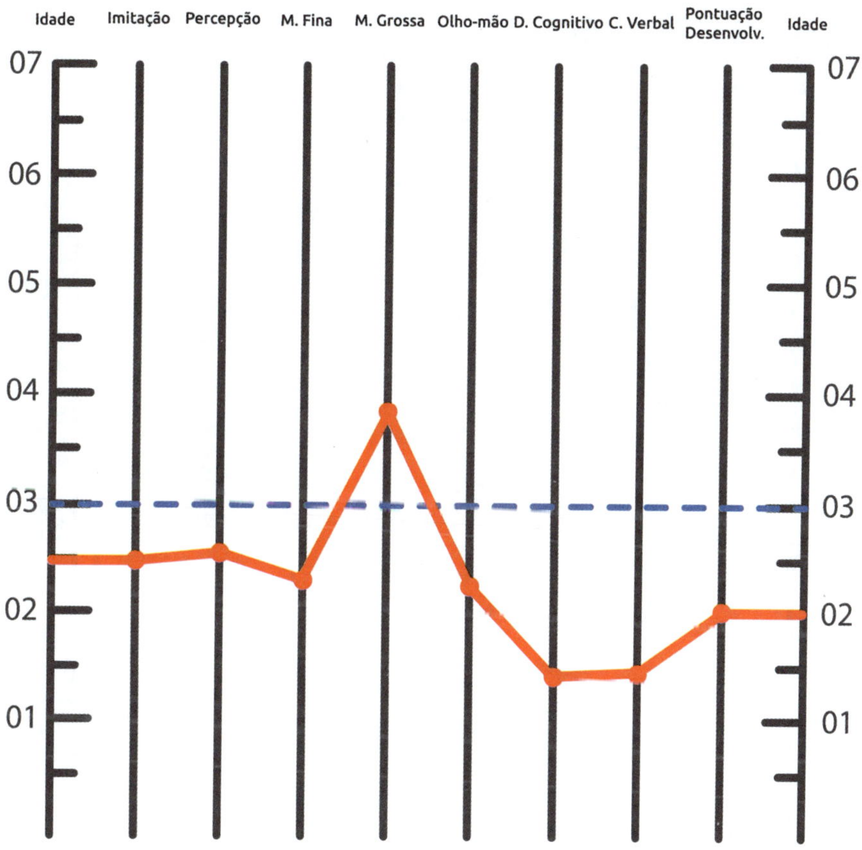

FIGURA 1 - AVALIAÇÃO DO DESENVOLVIMENTO

PRINCÍPIOS BÁSICOS DE ANÁLISE DO COMPORTAMENTO

A Análise do Comportamento é uma ciência complexa, que está em constante transformação, e que é composta por diversos princípios e conceitos. O objetivo deste capítulo é descrever, de maneira mais didática e menos conceitual, alguns princípios de Análise do Comportamento que podem auxiliar no ensino das habilidades básicas. É importante ressaltar que nem este capítulo e nem este livro serão suficientes para capacitá-lo em Análise do Comportamento e de maneira alguma esta obra dispensa a orientação de um analista do comportamento. A seguir serão descritos alguns princípios básicos do comportamento operante (um tipo de comportamento que produz consequências e é afetado pelas consequências que produz).

Observe as duas pessoas na Figura 2. Elas estão fazendo a mesma coisa? Sim, elas estão fazendo a mesma coisa. O comportamento observado nas duas pessoas é o mesmo? Não, não é o mesmo comportamento. Tendemos a achar que ambas apresentam o mesmo comportamento, porém as duas apresentam comportamentos diferentes; a primeira pessoa está chorando em decorrência do falecimento de alguém e a segunda em função de ter ganhado na loteria.

FIGURA 2 - DUAS PESSOAS CHORANDO

Aquilo que as pessoas fazem, em Análise do Comportamento, nós chamamos de resposta e aquilo que elas fazem em um determinado contexto chamamos de comportamento. Assim, quando se fala em comportamento, não é suficiente olhar para aquilo que a pessoa faz, mas é fundamental considerar o contexto no qual a resposta acontece. Essa perspectiva a respeito do comportamento faz total diferença na hora de realizar uma determinada intervenção terapêutica. Veja a diferença: a primeira pessoa apresentada na Figura 2 necessitará de um suporte para lidar com a perda, enquanto a segunda provavelmente nem precisará de suporte terapêutico. Dessa maneira, ao analisar um comportamento, deve-se considerar aquilo que a pessoa faz em um determinado contexto.

O contexto no qual um comportamento acontece nós chamamos de contingência. A contingência de um comportamento operante é composta por três aspectos: a resposta, o que acontece antes da resposta e o que acontece após a resposta. O que acontece antes da resposta nós chamamos de estímulos antecedentes e o que acontece após a resposta é chamado de consequências.

A Figura 3 retrata de maneira simplificada uma contingência de um comportamento de birra. Antes de a birra acontecer a criança vê um alimento que ela gosta muito (estímulo antecedente); ver o alimento estabelece a ocasião para a birra acontecer (resposta); na sequência da birra, a mãe dá o alimento para a criança (consequência). Dessa maneira, a contingência é composta por estímulos antecedentes, resposta e consequências, nessa sequência de eventos. A análise desses aspectos da contingência nós chamamos de *Análise Funcional do Comportamento.*

FIGURA 3 -CONTINGÊNCIA DO COMPORTAMENTO DE BIRRA

Estímulos antecedentes não causam automaticamente as respostas; esses estímulos aumentam ou diminuem a probabilidade de uma determinada resposta acontecer. Por exemplo, na Figura 4 são propostas duas atividades a uma criança: a primeira é composta pelos super-heróis preferidos da criança e a segunda não apresenta desenhos. Em qual das duas situações há maior probabilidade da criança se interessar e realizar a tarefa? Certamente na primeira, porém ainda assim estamos falando em probabilidade, já que a criança pode ou não realizar a tarefa.

FIGURA 4 - ESTÍMULO ANTECEDENTE E PROBABILIDADE DE OCORRÊNCIA DA RESPOSTA

A importância de se observar os estímulos antecedentes está justamente no efeito desses estímulos na probabilidade de ocorrência ou não de uma determinada resposta. Isso é fundamental para o planejamento educacional, pois dependendo de como você apresenta uma determinada atividade, aumenta ou diminui a probabilidade do aprendiz se engajar. Por outro lado, você pode atentar para os antecedentes no sentido de prevenir a probabilidade de ocorrência de uma resposta indesejada. Por exemplo, você deseja que uma criança realize uma atividade de colorir, porém ela leva o giz de cera à boca; uma estratégia de prevenção seria oferecer a ela lápis de cor ou canetinhas para evitar que ela coloque o giz de cera na boca e não realize a atividade de maneira adequada.

Outro aspecto importante da contingência são as consequências. Toda resposta é seguida por uma consequência; não existe resposta sem consequência. As consequências, por sua vez, podem ter dois efeitos sobre a ocorrência futura da resposta; ou a pessoa faz novamente aquilo que ela fez anteriormente ou ela deixa de fazer aquilo que ela fez. A Figura 5 apresenta um exemplo dos efeitos das consequências sobre a resposta futura: a atividade com super-heróis é oferecida à criança e isso aumenta a probabilidade de ela realizar a tarefa (estímulo antecedente); a criança realiza a tarefa, porém de maneira errada (resposta); após realizar a tarefa, duas coisas podem acontecer (consequência): 1- a criança é incentivada a tentar novamente ou 2- a criança é repreendida. Posteriormente, em uma situação semelhante, a resposta da criança ocorrerá novamente ou não, dependendo do que aconteceu anteriormente: se a criança foi incentivada, provavelmente ela fará a atividade novamente, porém, se a criança foi repreendida, ela possivelmente ela não fará a atividade novamente.

FIGURA 5 - EFEITOS DAS CONSEQUÊNCIAS SOBRE A RESPOSTA FUTURA

Consequências que aumentam a probabilidade de uma determinada resposta acontecer novamente nós chamamos de reforço. Consequências que diminuem a probabilidade de ocorrência de uma determinada resposta nós chamamos de punição. É possível perceber se uma resposta foi reforçada ou punida da seguinte maneira: se a pessoa faz alguma coisa agora e posteriormente faz de novo, possivelmente a resposta foi seguida de reforço, porém se a pessoa faz alguma coisa agora e deixa de fazer aquilo que ela fez anteriormente, provavelmente a resposta foi punida.

O que reforça ou pune uma determinada resposta pode variar de uma pessoa para outra e de um contexto para o outro. Não existem itens que são sempre reforçadores ou punitivos para todas as pessoas em todas as situações. O chocolate pode ser reforçador para muitas pessoas, porém pode ser punitivo para outras que apresentam alergia a ele. O mesmo chocolate que foi reforçador para uma pessoa em um determinado momento pode deixar de ser reforçador após a pessoa comer uma caixa de chocolates. Por outro lado, apanhar pode ser punitivo para muitas pessoas, porém se uma criança faz mais birras após a mãe lhe dar uma palmada, então a palmada foi reforçadora e não punitiva, pois a resposta de birra não cessou, ao contrário, ocorreu novamente. Dessa maneira, o critério para considerar se algo é reforçador ou punitivo é se a resposta acontece novamente ou se ela cessa.

A Análise do Comportamento utiliza os termos "positivo" e "negativo" para diferenciar tipos de consequências reforçadoras e punitivas. Dessa maneira há reforço positivo e negativo, assim como punição positiva e negativa. Culturalmente tendemos a associar o termo positivo a algo bom e negativo a algo ruim. Porém, em Análise do Comportamento, positivo e negativo não se referem necessariamente a algo bom ou ruim; positivo significa acréscimo de algum estímulo e negativo significa retirada de algum estímulo. O sentido utilizado em Análise do Comportamento é semelhante ao sentido dos sinais em operações da matemática; positivo significa adição de valores e negativo subtração de valores.

Quando uma determinada resposta se repete, dizemos que essa resposta foi reforçada. Nesse sentido, quando uma pessoa faz novamente algo que ela fez anteriormente, duas coisas podem estar envolvidas nessa repetição da resposta: ou a pessoa faz em decorrência de algum ganho (acréscimo de um estímulo) ou a pessoa faz em virtude de estar evitando ou fugindo de alguma coisa desagradável (retirada de um estímulo). Situações nas quais uma determinada resposta se repete em função do acréscimo de um estímulo após essa resposta chamamos de reforço positivo. Situações nas quais uma determinada resposta se repete em função da retirada de um estímulo após essa resposta chamamos de reforço negativo. Contingências que envolvem reforço positivo são caracterizadas pela repetição da resposta em função do acréscimo de algum estímulo. Uma criança vê um brinquedo (estímulo antecedente), aponta para o brinquedo (resposta) e a mãe dá o brinquedo para a criança (consequência). Saberemos se o brinquedo foi reforçador para a resposta de apontar se a criança no futuro, em situação semelhante, apontar novamente para o brinquedo. Se isso ocorrer, consideramos que a resposta de apontar foi reforçada (repetição) pelo acréscimo (positivo) do estímulo brinquedo (Figura 6).

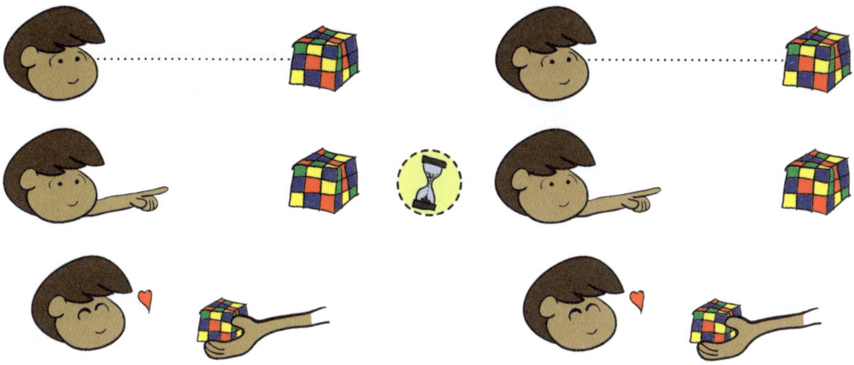

FIGURA 6 - CONTINGÊNCIA DE REFORÇO POSITIVO

Contingências que envolvem reforço negativo são caracterizadas pela repetição da resposta em função da retirada de algum estímulo. Nesse caso, o estímulo retirado é chamado de estímulo aversivo. Esse tipo de estímulo pode ser definido como qualquer coisa que influencia na ocorrência da resposta, no sentido de evitar ou de fugir desse estímulo. Ou seja, a pessoa pode fazer ou deixar de fazer algo para não ter contato com o estímulo aversivo. No caso do reforço negativo, a pessoa faz algo, de maneira repetida, e tem como consequência o afastamento do estímulo aversivo. É importante ressaltar que não existe um estímulo que é aversivo para todas as pessoas em todas as situações; o que é aversivo para uma pessoa pode não ser para outra, assim como o que é aversivo em um contexto pode não ser em outro. A dor costuma ser um estímulo aversivo para muitas pessoas, porém para frequentadores de academia interessados em hipertrofia, a dor muscular pode ser reforçadora e não aversiva, pois é uma das variáveis importantes para o crescimento muscular. Contudo, para o mesmo frequentador de academia, o estímulo dor que era reforçador pode se tornar aversivo após uma lesão muscular. Dessa maneira, contingências que envolvem reforço negativo são caracterizadas pela repetição da resposta em função da retirada de um estímulo aversivo.

A Figura 7 apresenta um exemplo de contingência de reforçamento negativo. A criança está de castigo (estímulo antecedente), pede desculpas (resposta) e é liberada do castigo (consequência). Saberemos se o ficar livre do castigo foi reforçador para a resposta de pedir desculpas se a criança no futuro, em situação semelhante, pedir desculpas novamente. Se isso ocorrer, consideramos que a resposta de pedir desculpas foi reforçada (repetição) pela retirada (negativo) do estímulo aversivo castigo. Nesse caso, a criança pediu desculpas, ficou livre do castigo e pode-se perceber que após o pedido de desculpas a criança "ganha" a liberdade e a possibilidade de fazer outras coisas como brincar, o que pode nos levar a crer que é uma contingência de reforço positivo. Porém, esse ganho é secundário, decorrente da retirada do castigo (estímulo aversivo); por isso, trata-se de uma contingência de reforço negativo e não positivo. Uma dica para avaliar se uma consequência é reforçadora positiva ou negativa é observar se há um estímulo aversivo no antecedente e se a resposta é decorrente desse estímulo aversivo; a repetição da resposta em função da retirada do estímulo aversivo que está no antecedente caracteriza reforço negativo.

FIGURA 7 - CONTINGÊNCIA DE REFORÇO NEGATIVO

Dois comportamentos típicos acontecem em contingências de reforçamento negativo: fuga e esquiva. O comportamento de fuga ocorre quando a pessoa está em contato com um estímulo aversivo e faz algo para ficar livre daquele estímulo. Já o comportamento de esquiva ocorre quando a pessoa ainda não está em contato com o estímulo aversivo (porém há a probabilidade de ficar) e faz algo para evitar esse contato. A Figura 8 apresenta situações que envolvem os comportamentos de fuga e esquiva: 1- na situação de fuga, a criança está fazendo uma atividade chata e termina rapidamente

FIGURA 8 - COMPORTAMENTOS DE FUGA E DE ESQUIVA

para ficar livre dela, ou seja, a criança está em contato com o estímulo aversivo e foge dele; 2- na situação de esquiva, a criança vê uma atividade que para ela é aversiva e antes de realizá-la se joga ao chão, evitando-a, ou seja, a criança não está em contato com a atividade ainda, mas há a probabilidade de ter o contato, e assim a criança se joga ao chão evitando o contato com o estímulo aversivo.

A importância do reforço, positivo ou negativo, está justamente na repetição de uma determinada resposta. De maneira mais simples, dizemos que alguém aprendeu alguma coisa quando a pessoa é capaz de emitir uma resposta esperada em um determinado contexto e repetir essa resposta sempre que for necessário. Por exemplo, dizemos que a criança aprendeu a "dar tchau" se ela é capaz de acenar com a mão quando alguém solicita que ela dê tchau e ela continua a fazer isso em outros contextos semelhantes; ou seja, o comportamento se repete. Por isso o conceito de reforço é tão fundamental no ensino de habilidades para pessoas com autismo, pois o que desejamos é que essas pessoas aprendam a fazer coisas que não são capazes de fazer e que façam aquilo que aprenderam de maneira consistente e repetida; algumas crianças falam pouco e queremos aumentar a frequência da fala, outras olham pouco nos olhos dos outros, mas queremos que elas olhem cada vez mais, ou seja, desejamos a repetição de comportamentos que raramente acontecem, o que só será possível por meio do reforço.

Apesar de consequências reforçadoras positivas ou negativas produzirem a repetição de uma determinada resposta, há emoções diferentes envolvidas nessas contingências. A Figura 9 apresenta duas crianças fazendo uma atividade: na primeira situação a mãe combina com a criança (estímulo antecedente) que se ela fizer a atividade (resposta) poderá assistir televisão (consequência); na segunda situação a mãe solicita à criança (estímulo antecedente) que finalize a atividade (resposta), pois se não o fizer ficará de castigo (consequência). A pergunta é: as duas crianças farão a atividade? Provavelmente sim! Os sentimentos envolvidos nas duas situações serão os mesmos? Certamente não! A primeira criança fará a atividade com mais alegria, empolgação e empenho, pois terá como consequência o ganho de algo que gosta (contingência de reforço positivo). A segunda fará a atividade tensa, aflita, desmotivada e se empenhará para finalizar a atividade, não porque terá ganhos, mas para evitar o estímulo aversivo castigo (contingência de reforço negativo). O efeito final das duas situações é diferente: a primeira criança se sentirá animada ao término da atividade enquanto a segunda se sentirá aliviada. É fundamental que o educador se atente a esse aspecto do reforço, pois consequências reforçadoras positivas tendem a promover aprendizagens mais leves e agradáveis. Considerando que a Intervenção Comportamental Intensiva acontece por muitas horas semanais e pode se estender por dois ou mais anos, é importante que o educador esteja empenhado em realizar as atividades, proporcionando consequências reforçadoras positivas ao invés de negativas, pois assim poderá manter seu aprendiz com autismo mais animado e motivado a aprender.

FIGURA 9 -CONTINGÊNCIAS DE REFORÇO POSITIVO E NEGATIVO

Reforço positivo **Reforço negativo**

Outro aspecto importante é a maneira como a consequência reforçadora é disponibilizada para o aprendiz. Ao ensinar uma habilidade nova, quanto mais próxima for a apresentação da consequência em relação à emissão da resposta, mais rápida será a aprendizagem. Para exemplificar melhor essa situação (Figura 10), imagine que uma criança está começando a falar suas primeiras palavrinhas: a criança fala "mamãe" e imediatamente a mãe aparece, lhe dá atenção e carinho; ou a criança fala "mamãe" e a mãe que está ocupada aparece um minuto depois dando atenção e carinho. Em qual das duas situações é mais provável que a criança perceba a relação entre o que ela fez e a consequência, ou seja, que ao falar "mamãe" a mãe aparece? Provavelmente na primeira situação, na qual o reforço ocorre imediatamente após a resposta; se o tempo decorrido entre a resposta e o reforço for grande, fica mais difícil para o aprendiz identificar a relação entre esses aspectos da contingência, o que pode contribuir com a demora na aprendizagem. Dessa maneira, é importante que o educador fique atento não só ao que é reforçador para o aprendiz, mas também ao momento no qual o reforço é apresentado.

FIGURA 10 - INTERVALO ENTRE A EMISSÃO DA RESPOSTA E A OCORRÊNCIA DO REFORÇO

Ainda em relação à maneira como a consequência reforçadora é disponibilizada, há basicamente dois jeitos de se reforçar uma determinada resposta (Figura 11): 1- o reforço é apresentado após cada resposta; 2- algumas respostas são seguidas de reforço enquanto outras não são. Quando o reforço acontece a cada resposta chamamos de reforçamento contínuo; quando acontece após algumas respostas, mas não após todas as respostas, chamamos de reforçamento intermitente. No início do processo de aprendizagem de um comportamento novo é muito importante que o reforço seja contínuo. Quando o comportamento novo já estiver estável e acontecendo em uma frequência alta, o reforçamento intermitente será importante para manter e fortalecer a resposta aprendida. Por exemplo, quando a criança começa a falar uma palavra nova como "mamãe", é importante que a mãe atenda todas as vezes que a criança chamar (reforço contínuo), pois assim ela aprenderá rapidamente a relação entre a palavra falada e a atenção da mãe. Quando a criança tiver aprendido essa relação, a mãe poderá dar atenção imediatamente em alguns momentos e demorar um pouco mais em outros (reforço intermitente); isso tornará a criança mais persistente e o comportamento de falar "mamãe" mais forte. Fique atento para reforçar continuamente quando iniciar o ensino de um comportamento novo e para reforçar intermitentemente quando o aprendiz já tiver aprendido o comportamento[1].

FIGURA 11 - REFORÇAMENTO CONTÍNUO E INTERMITENTE

Reforço contínuo **Reforço intermitente**

Imagine que uma criança com autismo fala a palavra "chocolate" e geralmente recebe um pedaço de chocolate após a fala. Podemos considerar que o chocolate reforça positivamente a resposta da criança de falar "chocolate". Em um dado momento descobriu-se que a criança tinha alergia ao chocolate e a mãe decide que não atenderá mais aos pedidos da criança, ou seja, ela não reforçará a resposta da criança de falar "chocolate". Após falar chocolate e não ser atendida, a criança provavelmente vai insistir: falará "chocolate" mais vezes, tentará pedir de maneiras diferentes (como puxando a mãe em direção ao armário ou até falando outras palavras que não costumava falar como "dá" ou "quero"), poderá ficar nervosa, irritada e aflita. Se a mãe não der o chocolate, mesmo após várias e variadas tentativas da criança, provavelmente a criança deixará de pedir o chocolate gradativamente, até desistir completamente de

---

[1] Há muitos outros conceitos e aspectos importantes a respeito de esquemas de reforçamento. Optou-se, neste livro, por simplificar a explicação, porém maiores informações podem ser encontradas em Moreira e Medeiros (2007).

pedir (Figura 12). Essa situação exemplifica a extinção, um processo que tem como efeito final a diminuição da frequência da resposta (gradativamente a pessoa vai deixando de fazer aquilo que fazia) e que ocorre a partir da retirada do reforço que mantinha a resposta; inicialmente observa-se aumento da frequência da resposta (a pessoa faz mais do que costumava fazer), variabilidade (a pessoa passa a fazer coisas diferentes), respostas emocionais (a pessoa pode ficar nervosa e irritada) e posteriormente a diminuição gradativa da frequência da resposta (a pessoa deixa de fazer aquilo que fazia).

FIGURA 12 - EXTINÇÃO

A extinção é um dos recursos que podem ser utilizados quando se deseja diminuir comportamentos. Por exemplo, se uma criança faz birras e é reforçada pela atenção dos pais, a retirada da atenção que reforçava a birra provavelmente terá como efeito final a diminuição da frequência das birras. Porém, é importante ressaltar que o efeito inicial da extinção pode ser o aumento da frequência da resposta, a variabilidade dela e as respostas emocionais o que pode parecer que a criança está piorando, pois estará fazendo mais birras. Esse aspecto da extinção merece cuidado, pois reforçar a resposta de maneira inadequada durante o processo de extinção pode acarretar fortalecimento da resposta e não em extinção; no caso da birra poderíamos ter uma piora real do comportamento. Dessa maneira, é recomendável que intervenções planejadas para colocar qualquer resposta em extinção devem ser realizadas somente com supervisão de um analista do comportamento. Descrever o processo de extinção neste livro tem a função de alertar o educador em relação a comportamentos que aconteciam e que deixaram de acontecer. Por exemplo, a criança dava tchau e parou de dar; uma coisa que pode ter ocorrido é que a ausência de reforço para essa resposta acarretou a extinção. Nesse caso, o educador deve pensar em reforçadores para o comportamento de dar tchau.

A parada de um determinado comportamento pode ser bem preocupante quando se está ensinando alguma habilidade nova. Imagine que você está ensinando uma criança com autismo a nomear as vogais: você mostra a letra A impressa (estímulo antecedente), a criança fala corretamente o nome da letra (resposta) e você a elogia (consequência). Podemos presumir que o elogio é um reforçador para a criança nomear a letra novamente, porém em uma nova tentativa de nomeação, a criança se recusa a falar o nome da letra, ou seja, o comportamento de nomear para abruptamente. O que pode ter acontecido é que o elogio, em vez de ter uma função reforçadora para a resposta de nomeação, caracterizou-se como uma consequência punitiva. Culturalmente relacionamos o termo "punição" a castigos, recriminações e até a violência física, porém em Análise do Comportamento, punição não está necessariamente relacionada a castigos, mas se refere a qualquer consequência que produza a parada abrupta de uma determinada resposta, ou seja, a pessoa estava fazendo alguma coisa, algo acontece e ela rapidamente para de fazer aquilo que estava fazendo.

Qualquer consequência que tenha como efeito a parada abrupta da resposta pode ser punitiva. Um professor em sala de aula pode punir o comportamento de conversar de dois alunos ao simplesmente se aproximar desses alunos, sem precisar brigar, encostar ou mesmo olhar para os alunos. Uma criança que está brincando de bola com outras crianças tem seu comportamento punido ao ver o escudo do time adversário impresso na bola. Um jovem com autismo parar de falar uma palavra após alguém pedir a ele que fale mais alto. Essas situações exemplificam contingências que envolvem punição e que não são caracterizadas por castigos. Dessa maneira, o que é fundamental quando se fala em punição é o efeito da consequência sobre a resposta futura; se há aumento da frequência da resposta, estamos falando em reforço, porém se há parada abrupta da resposta, estamos falando em punição.

Conforme descrito anteriormente, a Análise do Comportamento utiliza os termos positivo e negativo para caracterizar consequências reforçadoras e punitivas; positivo indica acréscimo de algum estímulo e negativo indica a retirada (lembre-se de que não há necessariamente uma relação entre algo bom ou ruim!). Punição positiva é um tipo de consequência que produz a parada abrupta da resposta em função do acréscimo de um estímulo aversivo (Figura 13). Por exemplo, uma pessoa está comendo um sanduiche e para de comê-lo após encontrar um inseto no alimento, ou seja, a pessoa come o sanduiche (resposta) e acha um inseto (consequência), na sequência a pessoa para (indica punição) de comer o sanduiche, em função do acréscimo do estímulo aversivo inseto. Punição negativa (Figura 13) é um tipo de consequência que produz a parada abrupta da resposta em função da probabilidade de retirada de um reforçador de outra resposta, que não aquela punida (pois a retirada do reforçador da resposta indica extinção e não punição).

Por exemplo, uma pessoa acelera o carro acima da velocidade permitida e é reforçada pela sensação que a velocidade produz. Próximo a um semáforo a pessoa para de acelerar (indica punição), não em função de estar "ganhando" um estímulo aversivo que é a multa (já que a pessoa não ganha a multa imediatamente ao passar pelo semáforo), mas em função da probabilidade de perder "privilégios" (reforçadores de outras respostas), ao atropelar alguém, ter o carro apreendido e a carteira de motorista suspensa (perder o direito de dirigir).

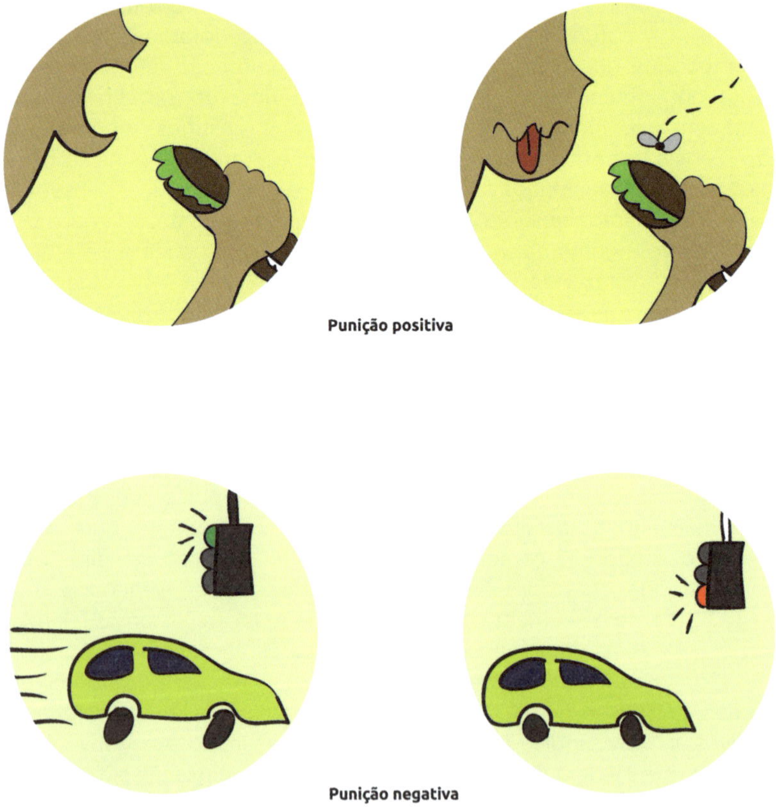

FIGURA 13 - CONTINGÊNCIAS DE PUNIÇÃO POSITIVA E NEGATIVA

Apesar de extinção e da punição parecerem similares, no sentido de resultarem em diminuição da frequência da resposta, há algumas diferenças importantes entre esses dois conceitos: a extinção é um processo decorrente da retirada do reforçador que mantém uma determinada resposta, enquanto a punição é um tipo de consequência que se segue à resposta. Outro aspecto importante é a maneira com a resposta diminui de frequência: na extinção, o processo é gradativo e pode ser demorado; na punição, o efeito tende a ser imediato. Por outro lado, intervenções baseadas em extinção tendem a obter resultados lentos, porém mais duradouros, já que sem reforço a resposta não se mantém; enquanto a punição tem um efeito imediato, mas menos duradouro, já que a ausência da consequência punitiva pode resultar em retorno imediato da resposta, que, por sua vez, é reforçada por outra consequência.

A punição, assim como a extinção, é um dos recursos que podem ser empregados quando se deseja diminuir comportamentos. Porém seu uso deve ser sempre orientado e supervisionado por um analista do comportamento, pois a aplicação inadequada pode acarretar prejuízos. Apesar de a punição aparentar ser uma boa opção para diminuir comportamentos, especialmente pela imediaticidade do efeito, ela produz efeitos colaterais importantes em quem pune e em quem é punido (Sidman, 1995). Descrever a punição neste livro, semelhante ao que foi apontado sobre a extinção, também tem a função de alertar o educador em relação a comportamentos que aconteciam e que deixaram de acontecer. Pode ocorrer de o educador estar ensinando um comportamento para uma criança com autismo, por exemplo, o comportamento de fazer xixi no vaso, e após a criança acertar o xixi, o educador faz tanta festa (bate palmas, grita, pula, abraça a criança) que ao invés da criança fazer o xixi novamente no vaso, ela para de fazer o xixi; isso pode indicar para o educador que a consequência que ele utilizou (festa) foi punitiva e não reforçadora. Assim, em uma nova oportunidade o educador deve utilizar outra consequência que possa ter uma função reforçadora e não punitiva.

De maneira geral, os princípios descritos neste capítulo têm a função de apresentar alguns conceitos fundamentais da Análise do Comportamento a leitores iniciantes e de deixá-los mais atentos às variáveis que afetam o comportamento. Observar o que a criança está fazendo (resposta), o que acontece antes (estímulo antecedente) e o que acontece depois (consequência), já é um bom começo para se pensar em como ensinar comportamentos novos a crianças com autismo.

COMO UTILIZAR ESTE MANUAL?

3.1 CURRÍCULO DE ENSINO DE HABILIDADES BÁSICAS

Crianças com autismo podem apresentar alterações e atrasos em várias áreas do desenvolvimento. A literatura científica tem indicado, até o momento, que Intervenções Comportamentais Intensivas compreendem as estratégias mais efetivas para o tratamento do autismo. Um dos aspectos fundamentais para a realização desse tipo de intervenção é o ensino sistemático e simultâneo de habilidades em várias áreas do desenvolvimento. Isso significa que muitos comportamentos serão ensinados ao mesmo tempo e um dos desafios é coordenar o ensino e a aprendizagem desses comportamentos.

O currículo é um instrumento composto por um conjunto de conteúdos que se deseja ensinar em um prazo específico. Ele pode ser importante para auxiliar a nortear, organizar e administrar o ensino, quando se deseja ensinar muitas habilidades ao mesmo tempo. A partir de um currículo pode-se planejar o que vai ser ensinado em curto, médio e longo prazo.

Esse manual é estruturado a partir de um Currículo de Habilidades Básicas (Figura 14). A função desse currículo é auxiliar na administração do ensino simultâneo de várias habilidades básicas. O currículo, por sua vez, é dividido em cinco áreas: 1. Habilidades de Atenção; 2. Habilidades de Imitação; 3. Habilidades de Linguagem Receptiva; 4. Habilidades de Linguagem Expressiva; e 5. Habilidades Pró-Acadêmicas. Cada área é composta por Programas de Ensino variados; por exemplo, a área de Habilidades de Atenção é composta pelos programas: 1.1 Sentar em uma cadeira independente, 1.2 Esperar e 1.3 Contato visual. No total são 28 programas de ensino. O educador pode marcar o início e o término de cada programa de ensino.

3.2 ROTA PARA O ENSINO DAS HABILIDADES BÁSICAS

Observe que no Currículo de Habilidades Básicas (Figura 14) há uma coluna denominada "Nível". Nessa coluna há programas de ensino com estrelas verdes, amarelas e vermelhas. Estrelas verdes indicam habilidades fáceis de serem ensinadas, estrelas amarelas indicam habilidades de dificuldade moderada e estrelas vermelhas indicam habilidades mais difíceis. O ideal é começar ensinando habilidades mais fáceis, passando para as moderadas e posteriormente para as mais difíceis.

Além de considerar o nível de dificuldade de cada programa de ensino, outro desafio é articular o ensino simultâneo de habilidades variadas; isso exige muita organização e um bom planejamento. De maneira geral, o ideal é ensinar muitas habilidades ao mesmo tempo, de várias áreas do desenvolvimento, começando das mais fáceis para as mais difíceis.

A Figura 15 apresenta uma rota para auxiliar na implementação dos programas em uma sequência que facilite o ensino. Os programas podem ser inseridos em quatro etapas (estrutura em cinza no diagrama da Figura 15). Na primeira etapa a sugestão é começar com os programas: 1.3 Contato visual e 1.1 Sentar. Na segunda etapa: 2.2 Imitar ações com objetos, 3.1 Seguir instruções de um passo, 4.2 Produzir sons com função comunicativa e 5.1 Coordenação olho mão. Na terceira etapa: 2.1 Imitar movimentos motores grossos, 2.4 Imitar movimentos fonoarticulatórios, 3.3 Identificar partes do corpo, 4.1 Apontar em direção a itens desejados e 5.2 Emparelhar objetos. Na quarta etapa: 1.2 Esperar, 2.5 Imitar movimentos grossos em pé, 2.3Imitar movimentos motores finos, 5.3 Emparelhar figuras, 5.5 Usar o lápis e 5.6 Usar a tesoura.

Alguns programas precisam de requisitos e só devem ser ensinados quando o aprendiz alcançar o critério de aprendizagem em programas anteriores. Fique atento a:

- **3.2 Seguir instruções de dois passos (em rosa no diagrama da Figura 15) só deve ser iniciado após a aprendizagem do programa 3.1 Seguir instruções de um passo.**

- **2.6 Imitar sequência de movimentos (em laranja no diagrama da Figura 15) deve ser introduzido após a aprendizagem de 2.1 Imitar movimentos motores grossos.**

- **4.3 Imitar sons (em verde no diagrama da Figura 15) deve ser precedido por 2.4 Imitar movimentos fonoarticulatórios e, além disso, 4.3 Imitar sons também é requisito para os programas 4.4 Aumentar os pedidos vocais, 4.5 Nomear pessoas familiares, 4.6 Nomear objetos e 4.7 Nomear figuras.**

- **Os programas 3.4 Identificar pessoas familiares, 3.5 Identificar objetos e 3.6 Identificar figuras (em azul no diagrama da Figura 15) devem ser precedidos por 3.3 Identificar partes do corpo.**

- **O programa 5.3 Emparelhar figuras é requisito para 5.4 Emparelhar figuras e objetos (em vermelho no diagrama da Figura 15).**

Os critérios de aprendizagem e de introdução de cada programa de ensino serão descritos posteriormente.

CURRÍCULO DE HABILIDADES BÁSICAS

CEI
CENTRO DE ESTUDOS E INTERVENÇÃO PARA O DESENVOLVIMENTO HUMANO

Aprendiz:__________________________ **Educador:**__________________________

1- Habilidades de atenção	**NÍVEL**	**INÍCIO**	**TÉRMINO**
1.1 **Sentar**	★		
1.2 **Esperar**	★		
1.3 **Contato visual**	★		
2- Habilidades de imitação			
2.1 Imitar movimentos **motores grossos**	★		
2.2 Imitar **ações com objetos**	★		
2.3 Imitar movimentos **motores finos**	★		
2.4 Imitar movimentos **fonoarticulatórios**	★		
2.5 Imitar movimentos **grossos em pé**	★		
2.6 Imitar **sequência de movimentos**	★		
3- Habilidades de linguagem receptiva			
3.1 Seguir **instruções de um passo**	★		
3.2 Seguir **instruções de dois passos**	★		
3.3 Identificar **partes do corpo**	★		
3.4 Identificar **pessoas familiares**	★		
3.5 Identificar **objetos**	★		
3.6 Identificar **figuras**	★		
4- Habilidades de linguagem expressiva			
4.1 **Apontar** em direção a itens desejados	★		
4.2 **Produzir sons** com função comunicativa	★		
4.3 **Imitar sons**	★		
4.4 Aumentar os **pedidos vocais**	★		
4.5 Nomear **pessoas familiares**	★		
4.6 Nomear **objetos**	★		
4.7 Nomear **figuras**	★		
5- Habilidades pré-acadêmicas			
5.1 Coordenação **olho mão**	★		
5.2 Emparelhar **objetos**	★		
5.3 Emparelhar **figuras**	★		
5.4 Emparelhar **objetos e figuras**	★		
5.5 Usar o **lápis**	★		
5.6 Usar a **tesoura**	★		

FIGURA 14 - CURRÍCULO DE HABILIDADES BÁSICAS

FIGURA 15 - ROTA PARA A INTRODUÇÃO DOS PROGRAMAS DE ENSINO

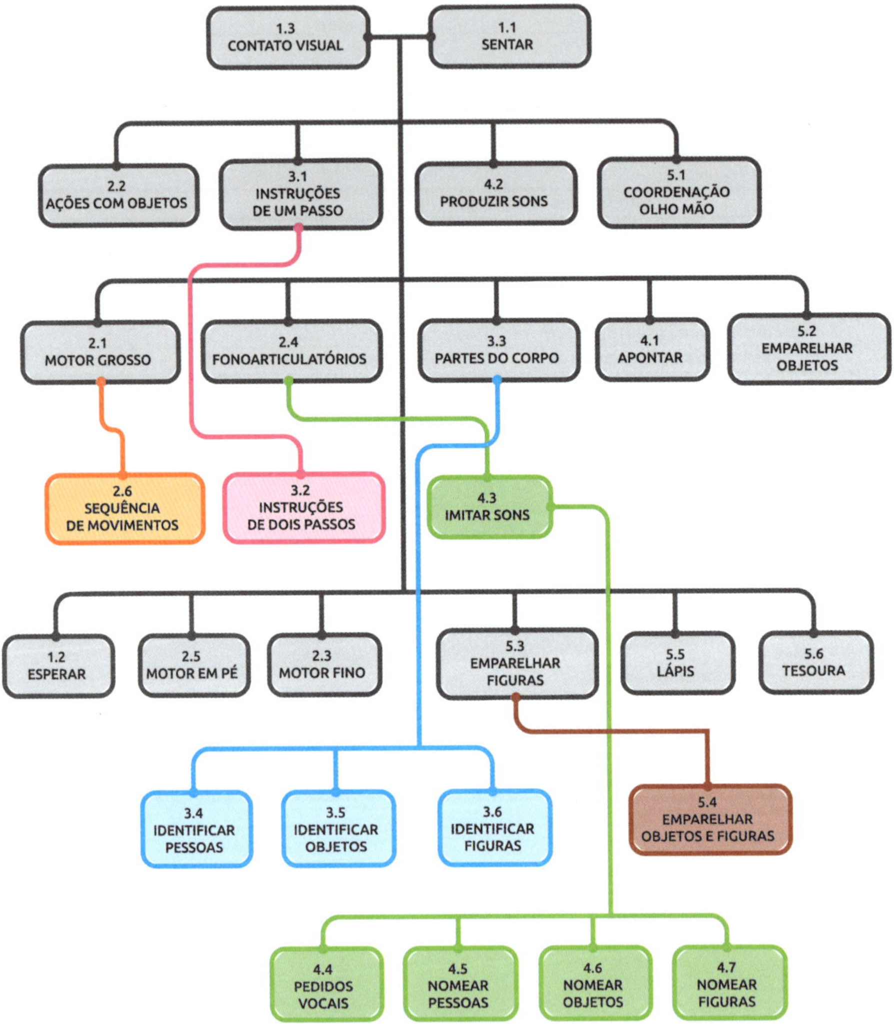

PROTOCOLOS DE REGISTRO

Conforme descrito anteriormente, este manual é estruturado a partir de um Currículo de Habilidades Básicas. O currículo, por sua vez, é dividido em cinco áreas e cada área é composta por Programas de Ensino em quantidade variada. Nos próximos capítulos serão apresentados os Programas de Ensino, com a descrição dos objetivos e da metodologia. Neste capítulo descreveremos aspectos gerais dos Protocolos de Registro.

Protocolos de Registro são instrumentos que auxiliam na organização do ensino e na verificação da aprendizagem. Por esse motivo, é fundamental que você os conheça bem, aprenda a organizá-los e a preenchê-los de maneira adequada. Utilizaremos quatro tipos de protocolos: 1- Protocolo de Objetivos e Metas (Figura 16); 2- Protocolo ABC (Figura 17); 3- Protocolo Certo/Errado (Figura 18); 4- Protocolo de Ocorrência de Respostas (Figura 19); e 5- Protocolo de Manutenção (Figura 20). A seguir serão apresentados os aspectos mais importantes de cada um dos modelos de protocolos. A especificação a respeito de quando e como utilizar cada protocolo será apresentada nos capítulos sobre os Programas de Ensino.

4.1 PROTOCOLOS DE OBJETIVOS E METAS

O Protocolo de Objetivos e Metas é utilizado quando a habilidade a ser ensinada é constituída por muitos comportamentos e torna-se inviável o ensino de todos ao mesmo tempo. Ele é composto por uma tabela de quatro colunas: a primeira coluna apresenta os objetivos (todos os comportamentos que desejamos ensinar à criança naquele Programa de Ensino) e as colunas seguintes, que devem ser preenchidas pelo educador, são intituladas de "Não ensinados", "Ensino" e "Manutenção", nessa ordem. A Figura 16 apresenta um exemplo desse tipo de protocolo e há instruções de como preenchê-lo.

4.2 PROTOCOLOS ABC

Esse protocolo é utilizado na maioria dos programas e serve para registrar as tentativas de ensino. São denominados de "Protocolos ABC" por permitirem a marcação do desempenho da criança considerando três níveis: A- quando a criança realiza a atividade sem o auxílio do educador; B- quando a criança realiza com o auxílio do educador (qualquer tipo de auxílio, físico ou verbal); e C- quando a criança não realiza a atividade, mesmo com o esforço do educador em auxiliá-la. A cada tentativa o educador deve marcar um X em A, B ou C, de acordo com o desempenho da criança (Figura 17). É importante ressaltar que uma tentativa compreende a instrução do educador (antecedente), a resposta do aprendiz e a consequência.

4.3 PROTOCOLOS CERTO/ERRADO

Esse protocolo é mais simples e também serve para registrar as tentativas de ensino, porém, diferentemente dos Protocolos ABC, só permite marcar se a criança acertou (sem auxílio) ou se ela errou (ou fez com ajuda, que também é considerado como erro); o educador escreve V para acertos e X para erros (Figura 18).

4.4 PROTOCOLOS DE OCORRÊNCIA DE RESPOSTAS

Esse protocolo é tão simples quanto o Protocolo Certo/Errado, porém, neste caso, o educador marca com um risco pequeno para indicar quantas vezes a criança emitiu o comportamento observado (Figura 19).

4.5 PROTOCOLOS DE MANUTENÇÃO

Quando a criança finaliza um Programa de Ensino, é importante manter as habilidades aprendidas para que ela não se esqueça delas. Esse protocolo tem a função de auxiliar na manutenção das habilidades aprendidas e permite marcar se a criança acertou (sem auxílio) ou se ela errou (ou fez com ajuda, que também é considerado como erro); o educador escreve V para acertos e X para erros (Figura 20).

Os Programas de Ensino serão descritos nos próximos capítulos e os Protocolos de Registro de cada um deles serão apresentados de maneira mais detalhada. É importante ressaltar que muitos programas serão ensinados simultaneamente e você precisará organizar o seu material de registro para não se perder nas atividades. A sugestão é organizar os protocolos de cada um dos programas em pastas separadas (uma pasta para cada Programa de Ensino; Figura 21).

O que você deve fazer

Título

Situação de cada comportamento

2.2 Imitar Ações com Objetos

Instrução: "faça isso", "faça assim", "agora é você" ou "agora é a sua vez"	SITUAÇÃO		
	Não ensinado	**Ensino**	**Manutenção**
1. Colocar um objeto dentro de uma caixa			X
2. Tocar uma campainha	X		
3. Empurrar um carrinho		X	
4. Empilhar blocos	X		
5. Bater num tambor			X
6. Colocar um chapéu			X
7. Rabiscar		X	
8. Limpar a boca com um pano ou guardanapo	X		
9. Martelar (brinquedo de pino)	X		
10. Alimentar uma boneca	X		
11. Balançar um sino			X
12. Levar um telefone à orelha	X		
13. Beber de um copo	X		
14. Colocar óculos			X
15. Escovar os cabelos	X		
16.Fazer uma bolinha com uma massinha (duas mãos)		X	
17. Fazer uma minhoca de massinha (mesa)	X		
18. Manipular um fantoche	X		
19. Dar um beijo na boneca		X	
20. Amassar uma folha	X		

Comportamentos a serem ensinados

Cada comportamento tem um número

Aqui você vai marcar um X a lápis na coluna correspondente à situação de cada um dos comportamentos:

1. "Não ensinado" : comportamentos que ainda não foram trabalhados com a criança

2. "Ensino": comportamentos que você está ensinando atualmente para a criança

3. "Manutenção": comportamentos que você já ensinou para a criança e que agora você só vai se preocupar em manter para ela não esquecer

FIGURA 16 - PROTOCOLOS DE OBJETIVOS E METAS

Título e instruções para o ensino

2.2 Imitar Ações com Objetos

Procedimento: Obtenha a atenção do aprendiz. Faça o movimento e solicite que o aprendiz repita o movimento. Ao fazer o movimento fale apenas "faça assim", "faça isso" ou "faça igual a mim" e não fale o nome do movimento. Se o aprendiz não fizer o movimento, dê ajudas e elogie quando ele fizer (ou ofereça a ele algo que gosta). Diminua as ajudas gradativamente.

Aprendiz________________ **Educador**________________ **Data:**________

MOV.	TENTATIVAS					MOV.	TENTATIVAS					MOV.	TENTATIVAS					MOV.	TENTATIVAS				
3		1	2	3	4			1	2	3	4			1	2	3	4			1	2	3	4
	A	X					A						A						A				
	B		X		X		B						B						B				
	C			X			C						C						C				

Aprendiz________________ **Educador**________________ **Data:**________

MOV.	TENTATIVAS					MOV.	TENTATIVAS					MOV.	TENTATIVAS					MOV.	TENTATIVAS				
		1	2	3	4			1	2	3	4			1	2	3	4			1	2	3	4
	A						A						A						A				
	B						B						B						B				
	C						C						C						C				

Número de vezes que você vai fazer a atividade

Você vai preencher com o número do comportamento ensinado

Aqui você vai marcar como foi o desempenho da criança em cada tentativa:
A - Fez sem ajuda
B - Fez com ajuda
C - Não fez

Você deve preencher com o nome da criança, seu nome e a data da realização da atividade, nessa ordem

Cada quadrado serve para o registro de um comportamento

Cada retângulo serve para um dia de atividade

FIGURA 17 - PROTOCOLOS ABC

Título e instruções para o ensino

5.2 Emparelhar Objetos

Procedimento: Os potes devem ser apresentados sobre a mesa, com um objeto de cada conjunto dentro de cada pote; os demais objetos estarão sobre a mesa, misturados, fora dos potes. Solicite ao aprendiz que guarde cada objeto que está sobre a mesa dentro de seu respectivo pote. Quando o aprendiz não conseguir guardar ou guardar de forma incorreta, auxilie fisicamente na correção. Quando o aprendiz acertar elogie ou ofereça a ele algo que gosta. Diminua as ajudas gradativamente.
Fase: 1. ( ) Objetos no pote; 2. ( ) Dois potes; 3. ( ) Três potes 4. ( ) Cores

Aprendiz:__________ **Educador:** __________ **Data:**__________

	Pote 1:					Pote 2:					Pote 3:				
TENTATIVAS	1	2	3	4	5	1	2	3	4	5	1	2	3	4	5
ACERTOS															

Porcentagem:

Aprendiz:__________ **Educador:** __________ **Data:**__________

	Pote 1:					Pote 2:					Pote 3:				
TENTATIVAS	1	2	3	4	5	1	2	3	4	5	1	2	3	4	5
ACERTOS															

Porcentagem:

Aprendiz:__________ **Educador:** __________ **Data:**__________

	Pote 1:					Pote 2:					Pote 3:				
TENTATIVAS	1	2	3	4	5	1	2	3	4	5	1	2	3	4	5
ACERTOS															

Porcentagem:

Aqui você vai marcar como foi o desempenho da criança em cada tentativa:
V - Fez corretamente
X - Fez errado ou com ajuda

Você deve preencher com o nome da criança, seu nome e a data da realização da atividade, nessa ordem

Número de vezes que você vai fazer a atividade

Cada retângulo serve para um dia de atividade

FIGURA 18 - PROTOCOLOS CERTO/ERRADO

Título e instruções para o ensino

1.2 ESPERAR: ____________________

CEI — Centro de Estudos e Intervenção para o Desenvolvimento Humano

Procedimento: Escolha um item de interesse do aprendiz (ex. brinquedo, alimento, televisão), deixe o item com ele por um tempo curto e na sequência pegue o item. Passado o tempo estipulado para a atividade você devolve o item para a criança e a elogia por ter esperado. Será necessário o uso de um cronometro para marcar o tempo estipulado para a atividade. Marque um traço no protocolo a cada vez que a criança tentar levantar para pegar o objeto.

Aprendiz:____________________ Educador: ____________________Data:____________________

ITEM	TENTATIVAS	QUANTAS VEZES O APRENDIZ LEVANTOU

Total:____________________

Aprendiz:____________________ Educador: ____________________Data:____________________

ITEM	TENTATIVAS	QUANTAS VEZES O APRENDIZ LEVANTOU

Total:____________________

Aprendiz:____________________ Educador: ____________________Data:____________________

ITEM	TENTATIVAS	QUANTAS VEZES O APRENDIZ LEVANTOU

Total:____________________

Aqui você deve preencher com o nome da criança, seu nome e a data da atividade, nessa ordem

Você deve fazer um risco pequeno a cada vez que o aprendiz responder

Você deve preencher os itens que usar na atividades (ex. brinquedos, objetos, alimentos)

Aqui você anota quantas vezes fez a atividade com a criança

Cada retângulo serve para um dia de atividade

FIGURA 19 - PROTOCOLOS DE OCORRÊNCIA DE RESPOSTAS

O que você deve fazer

Título

Manutenção: Imitar Ações com Objetos

Aprendiz ______________________ Educador ________________

Instrução: "faça isso", "faça assim", "agora é você" ou "agora é a sua vez"	DATAS								
	5/9								
1. Colocar um objeto dentro de uma caixa	V								
2. Tocar uma campainha	V								
3. Empurrar um carrinho	X								
4. Empilhar blocos	V								
5. Bater num tambor	V								
6. Colocar um chapéu	V								
7. Rabiscar	V								
8. Limpar a boca com um pano ou guardanapo	V								
9. Martelar (brinquedo de pino)	V								
10. Alimentar uma boneca	V								
11. Balançar um sino	V								
12. Levar um telefone à orelha	V								
13. Beber de um copo	V								
14. Colocar óculos	V								
15. Escovar os cabelos	V								
16. Fazer uma bolinha com uma massinha (duas mãos)	V								
17. Fazer uma minhoca de massinha (mesa)	V								
18. Manipular um fantoche	X								
19. Dar um beijo na boneca	V								
20. Amassar uma folha	V								
TOTAL DE ACERTOS	18								

Lista de comportamentos

Aqui você vai marcar como foi o desempenho da criança em cada tentativa:
V - Fez corretamente
X - Fez errado ou com ajuda

Aqui você vai anotar a data de realização da atividade

Você deve preencher com o nome da criança e o seu nome, nessa ordem

Aqui você vai anotar a quantidade de acertos

Cada coluna serve para um dia de atividade

FIGURA 20 - PROTOCOLOS DE MANUTENÇÃO

FIGURA 21 - ORGANIZAÇÃO DOS PROTOCOLOS DE REGISTRO EM PASTAS INDIVIDUAIS POR PROGRAMAS DE ENSINO

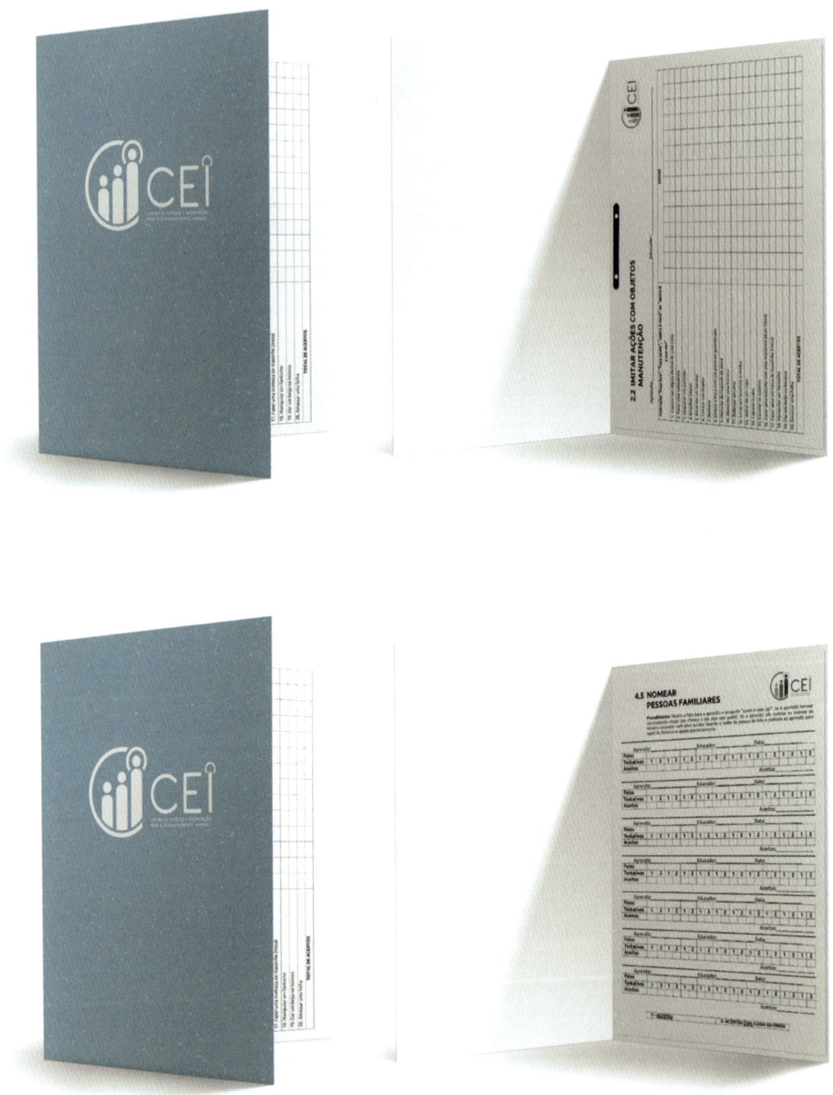

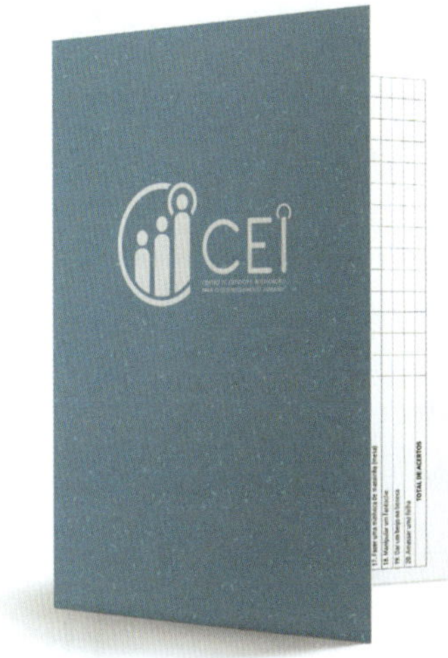
CEI

2.2 IMITAR AÇÕES
COM OBJETOS
CEI
2.2 IMITAR AÇÕES
COM OBJETOS
CEI

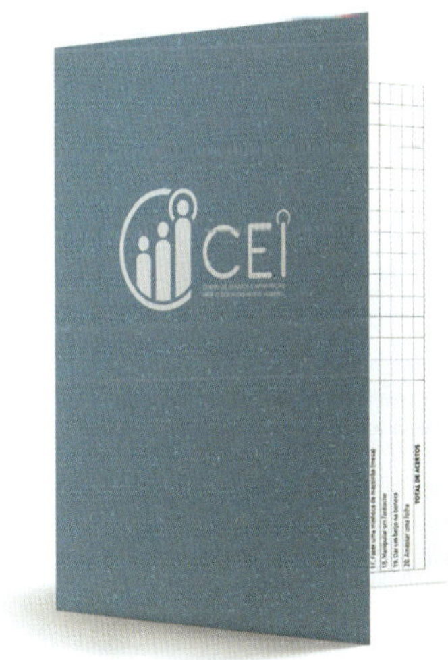
CEI

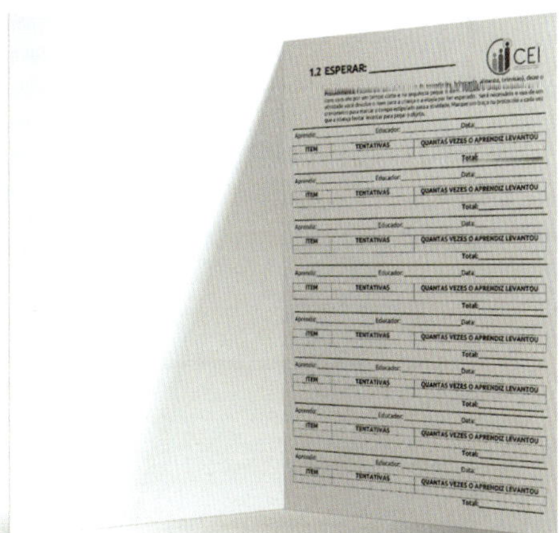
1.2 ESPERAR:
CEI

HABILIDADES DE ATENÇÃO

A área de Habilidades de Atenção é composta pelos seguintes Programas de Ensino: Sentar (1.1); Esperar (1.2); e Contato visual (1.3). A seguir, serão apresentados os Programas de Ensino com a definição, descrição dos procedimentos e protocolos.

5.1 SENTAR (1.1)

5.1.1 DEFINIÇÃO

Permanecer sentado é necessário em várias situações do cotidiano; na sala de aula, na sala de espera de um consultório, no ônibus, enquanto estamos almoçando ou quando estamos assistindo a um filme. Algumas crianças com autismo apresentam dificuldades em permanecer sentadas, porém o comportamento de sentar é aprendido e podemos ensiná-las a permanecer sentadas em contextos nos quais esse comportamento é necessário. Além disso, sentar é requisito para aprendizagens mais complexas como a leitura, a escrita e a matemática.

5.1.2 PROCEDIMENTO

Escolha um item (objeto, alimento ou atividade) que a criança gosta muito. Ofereça o item escolhido à criança e peça a ela para se sentar em uma cadeira (também pode ser em um sofá). Quando a criança levantar, retire o item dela e solicite novamente que ela volte a se sentar. Assim que ela sentar, devolva o item a ela e a elogie. Não há a necessidade de segurar fisicamente a criança ou forçar fisicamente para que ela se sente (intervenções desse tipo devem ser evitadas ao máximo, pois são desagradáveis e desnecessárias! Lembre-se de que o ensino deve ser o mais agradável possível!); mantenha o foco em retirar o objeto da criança e não em segurá-la.

A Figura 22 ilustra uma situação de ensino do comportamento de sentar. A mãe coloca o filme preferido da criança e solicita que ela sente na cadeira. Enquanto a criança está sentada o filme está ligado. Quando a criança se levanta, a mãe para o filme e solicita que a criança se sente. Quando a criança senta, a mãe liga o filme, elogia a criança e na sequência marca no Protocolo de Registro um risco pequeno indicando que a criança se levantou. O registro deve ser feito imediatamente após ligar o filme e elogiar a criança e nunca antes.

Você pode e deve utilizar itens diferentes ao longo do ensino dessa habilidade, para que a criança aprenda a permanecer sentada em situações variadas. Caso você esteja utilizando algum item durante a atividade e a criança demostrar desinteresse, troque por outro que seja mais interessante e que deixe a criança mais motivada a fazer a atividade.

FIGURA 22 - ENSINO DO COMPORTAMENTO DE SENTAR.

1) A mãe coloca o filme e solicita que a criança sente;
2) Enquanto a criança está sentada o filme está ligado;
3) Quando a criança levanta, a mãe para o filme e solicita a criança que se sente;
4) A criança senta, a mãe liga o filme, elogia a criança e anota no protocolo que a criança levantou.

5.1.3 PROTOCOLO

O protocolo a ser utilizado nesse Programa de Ensino (Figura 23) é o de ocorrência de respostas (Figura 19). O educador deve preencher o nome do aprendiz, o nome dele e a data da atividade. Além disso, o educador deve escrever em "ITEM" o recurso que está sendo utilizado (ex.: filme, no caso da Figura 22). A cada vez que a criança levantar o educador deve marcar um risco pequeno abaixo de "QUANTAS VEZES A CRIANÇA LEVANTOU" (lembre-se de que o registro deve ser feito imediatamente após ligar o filme e elogiar a criança e nunca antes). No final da atividade, o educador conta quantos riscos ele fez e assim terá o total de vezes que a criança se levantou durante a atividade. Observe que após o título do protocolo o educador pode preencher a duração planejada para a atividade; a sugestão é começar com poucos minutos (ex.: 5 minutos) e ir aumentando gradativamente até 30 minutos ou mais. Utilize uma pasta de papel (com grampo) para organizar os seus registros (os Protocolos de Registro ficam presos ao grampo da pasta, ver Figura 21).

5.1.4 CRITÉRIO DE APRENDIZAGEM

Considera-se que a criança aprendeu o comportamento de sentar quando ela é capaz de permanecer sentada por 30 minutos, levantando-se no máximo cinco vezes nesse período e voltando a se sentar imediatamente após o educador solicitar que ela sente. Até atingir o critério de aprendizagem o educador deve fazer e registrar a atividade diariamente. Após a criança ter aprendido o comportamento de sentar em situação estruturada de aprendizagem, você deve parar de registrar no protocolo e se preocupar em ensinar a criança a permanecer sentada em ambientes diferentes daqueles onde a atividade acontecia (ex.: em um restaurante, na casa de familiares ou em um consultório médico). Além disso, preocupe-se também em manter o comportamento aprendido, sempre solicitando que a criança sente e evitando situações nas quais a criança fique andando em momentos e locais nos quais o comportamento de sentar é necessário e socialmente relevante.

1.1 SENTAR: ____________________

Procedimento: Escolha um item de interesse do aprendiz (ex. brinquedo, alimento, televisão). Ofereça o item escolhido ao aprendiz e peça a ele para se sentar em uma cadeira (ou sofá). Quando o aprendiz levantar retire o item dele e solicite novamente que ele se sente. Assim que o aprendiz sentar devolva o item a ele, elogie e registre no protocolo.

Aprendiz________________ Educador:______________________ Data:______________________

ITEM	QUANTAS VEZES O APRENDIZ LEVANTOU

Total:____________________

Aprendiz________________ Educador:______________________ Data:______________________

ITEM	QUANTAS VEZES O APRENDIZ LEVANTOU

Total:____________________

Aprendiz________________ Educador:______________________ Data:______________________

ITEM	QUANTAS VEZES O APRENDIZ LEVANTOU

Total:____________________

Aprendiz________________ Educador:______________________Data:______________________

ITEM	QUANTAS VEZES O APRENDIZ LEVANTOU

Total:____________________

Aprendiz________________ Educador:______________________ Data:______________________

ITEM	QUANTAS VEZES O APRENDIZ LEVANTOU

Total:____________________

Aprendiz________________ Educador:______________________ Data:______________________

ITEM	QUANTAS VEZES O APRENDIZ LEVANTOU

Total:____________________

Aprendiz________________ Educador:______________________ Data:______________________

ITEM	QUANTAS VEZES O APRENDIZ LEVANTOU

Total:____________________

Aprendiz________________ Educador:______________________ Data:______________________

ITEM	QUANTAS VEZES O APRENDIZ LEVANTOU

Total:____________________

FIGURA 23 - PROTOCOLO DO PROGRAMA 1.1 SENTAR

5.2 ESPERAR (1.2)

5.2.1 DEFINIÇÃO

Esperar é um comportamento necessário em várias situações do cotidiano. Precisamos esperar quando estamos em uma fila, durante uma brincadeira com outras pessoas, antes de uma consulta, no ponto de ônibus ou enquanto o almoço não fica pronto. Algumas crianças com autismo apresentam dificuldades em esperar, porém esse comportamento pode ser aprendido e podemos ensiná-las a esperar para que possam fazê-lo em contextos nos quais isso é necessário.

5.2.2 PROCEDIMENTO

Escolha um objeto, alimento ou atividade (item) que a criança gosta muito. Deixe a criança com o item por um tempo curto e na sequência peça a ela o item; você pode dizer algo do tipo, "me empresta um pouquinho" ou "agora é a minha vez de brincar". Se a criança resistir em te entregar, você terá que tirar o item dela, porém tente fazer isso da maneira mais tranquila possível, por exemplo, brincando com ela; você pode dizer "eu vou pegar" em tom de brincadeira e fazer cócegas enquanto tenta pegar o item. Inicialmente, quando você estiver com o item, o aprendiz poderá ficar nervoso, irritado e tentará pegá-lo; você vai pedir ao aprendiz que espere sentado (você pode dizer coisas do tipo: "daqui a pouco eu te devolvo" ou "tem que esperar mais um pouquinho" ou "está quase acabando"). Passado o tempo estipulado para a atividade, você devolve o item para a criança e a elogia por ter esperado. Será necessário o uso de um cronometro para marcar o tempo estipulado para a atividade.

A Figura 24 ilustra uma situação de ensino do comportamento de esperar. A criança está brincando com o objeto preferido e a mãe solicita que ela lhe entregue o objeto. A mãe pega o objeto, permanece com ele pelo tempo estipulado para a atividade e após o término do tempo devolve o objeto para a criança e a elogia. A mãe deverá marcar um risco pequeno no protocolo cada vez que a criança tentar levantar para pegar o objeto.

Você pode e deve utilizar itens diferentes ao longo do ensino dessa habilidade, para que a criança aprenda a esperar em situações variadas. Caso você esteja utilizando algum item durante a atividade e a criança demostre desinteresse, troque por outro que seja mais interessante e que deixe a criança mais motivada a fazê-la.

Essa atividade pode deixar a criança nervosa, chateada ou ansiosa. Fique atento para não entregar o item quando o aprendiz estiver emitindo qualquer problema de comportamento; caso isso aconteça, pare a atividade, guarde o item, espere a criança se acalmar e retome a atividade em outro momento.

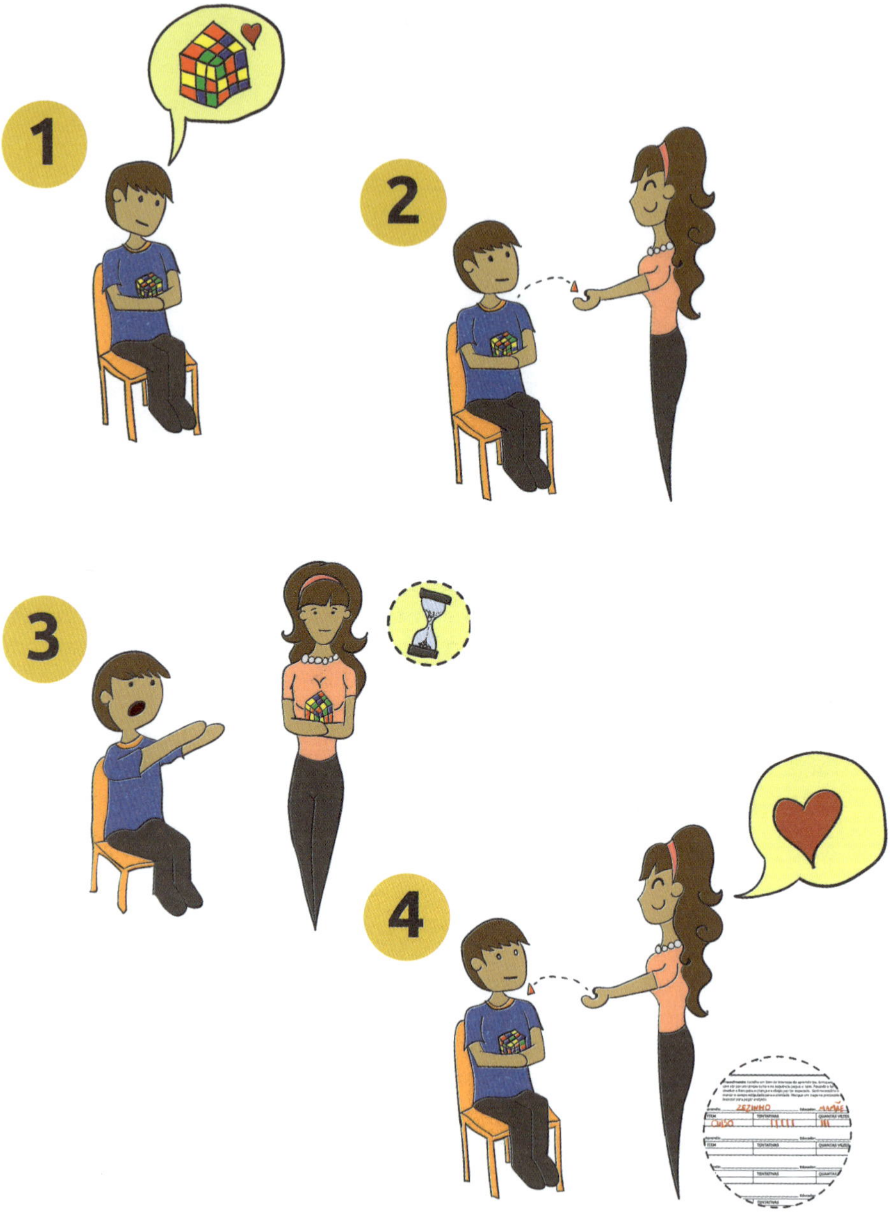

FIGURA 24 - ENSINO DO COMPORTAMENTO DE ESPERAR.

1) A criança está com o objeto preferido;
2) A mãe solicita o objeto;
3) A criança precisa aguardar até finalizar o tempo estipulado para a atividade;
4) A mãe devolve o objeto para acriança e a elogia por ter esperado.

5.2.3 PROTOCOLO

O protocolo a ser utilizado nesse Programa de Ensino (Figura 25) é do tipo "Protocolos de Ocorrência de Respostas" (Figura 19). O educador deve preencher o nome do aprendiz, o nome dele e a data da atividade. Além disso, o educador deve escrever em "ITEM" o recurso que está sendo utilizado (ex.: "cubo mágico", no caso da Figura 24). Abaixo de "TENTATIVAS", o educador vai marcar um risco pequeno para cada tentativa que realizar com o aprendiz; por exemplo, o educador pode fazer a atividade cinco vezes (tentativas), nas quais o aprendiz tem que esperar por 30 segundos em cada uma delas (nesse caso, o educador deve ter cinco riscos pequenos abaixo de "TENTATIVAS"). Durante o período de espera, o educador deve fazer um risco pequeno abaixo de "QUANTAS VEZES O APRENDIZ TENTOU PEGAR", sempre que o aprendiz tentar pegar o item. No final da atividade, o educador conta quantos riscos ele fez e assim terá o total de vezes que a criança se levantou durante a atividade. Após o título do protocolo, o educador pode preencher a duração planejada para a atividade; a sugestão é começar com poucos segundos (ex.: 10 segundos) e ir aumentando gradativamente o tempo até 10 minutos ou mais. Indica-se a realização de três a cinco tentativas de ensino. Utilize uma pasta de papel (com grampo) para organizar os seus registros (os Protocolos de Registro ficam presos ao grampo da pasta).

5.2.4 CRITÉRIO DE APRENDIZAGEM

Considera-se que a criança aprendeu o comportamento de esperar quando ela é capaz de esperar sentada por 10 minutos, levantando-se do no máximo duas vezes nesse período, e voltando a se sentar imediatamente após o educador solicitar que ela sente e espere. Até atingir o critério de aprendizagem, o educador deve fazer e registrar a atividade diariamente. Após a criança ter aprendido o comportamento de esperar em situação estruturada de aprendizagem, você deve parar de registrar no protocolo e se preocupar em ensinar a criança a esperar em ambientes diferentes daqueles onde a atividade acontecia (ex.: em uma fila para um brinquedo, em uma festa ou em um consultório médico). Além disso, preocupe-se também em manter o comportamento aprendido, solicitando que a criança espere sempre que for possível e necessário.

1.2 ESPERAR: ____________________

Procedimento: Escolha um item de interesse do aprendiz (ex. brinquedo, alimento, televisão), deixe o item com ele por um tempo curto e na sequência pegue o item. Passado o tempo estipulado para a atividade você devolve o item para a criança e a elogia por ter esperado. Será necessário o uso de um cronometro para marcar o tempo estipulado para a atividade. Marque um traço no protocolo a cada vez que a criança tentar levantar para pegar o objeto.

Aprendiz:____________________ Educador: ____________________Data:____________________

ITEM	TENTATIVAS	QUANTAS VEZES O APRENDIZ TENTOU PEGAR

Total:____________________

Aprendiz:____________________ Educador: ____________________Data:____________________

ITEM	TENTATIVAS	QUANTAS VEZES O APRENDIZ TENTOU PEGAR

Total:____________________

Aprendiz:____________________ Educador: ____________________Data:____________________

ITEM	TENTATIVAS	QUANTAS VEZES O APRENDIZ TENTOU PEGAR

Total:____________________

Aprendiz:____________________ Educador: ____________________Data:____________________

ITEM	TENTATIVAS	QUANTAS VEZES O APRENDIZ TENTOU PEGAR

Total:____________________

Aprendiz:____________________ Educador: ____________________Data:____________________

ITEM	TENTATIVAS	QUANTAS VEZES O APRENDIZ TENTOU PEGAR

Total:____________________

Aprendiz:____________________ Educador: ____________________Data:____________________

ITEM	TENTATIVAS	QUANTAS VEZES O APRENDIZ TENTOU PEGAR

Total:____________________

Aprendiz:____________________ Educador: ____________________Data:____________________

ITEM	TENTATIVAS	QUANTAS VEZES O APRENDIZ TENTOU PEGAR

Total:____________________

Aprendiz:____________________ Educador: ____________________Data:____________________

ITEM	TENTATIVAS	QUANTAS VEZES O APRENDIZ TENTOU PEGAR

Total:____________________

FIGURA 25 - PROTOCOLO DO PROGRAMA 1.2 ESPERAR

5.3 CONTATO VISUAL (1.3)

5.3.1 DEFINIÇÃO

O contato visual é uma habilidade muito importante para a interação social e para a comunicação, pois olhar nos olhos indica que você está atento ao que a pessoa está falando e que você está interessado no assunto e na interação. Crianças com autismo geralmente apresentam dificuldades em iniciar e manter o contato visual de maneira adequada. Por outro lado, o contato visual é uma habilidade aprendida, e, dessa maneira, podemos ensinar crianças com autismo a olhar nos olhos de outras pessoas de maneira mais efetiva. Além de favorecer a interação social, o contato visual é um requisito importante para o desenvolvimento de outras habilidades mais complexas, como a imitação de movimentos de boca, a imitação de sons, a fala e o atendimento de instruções.

5.3.2 PROCEDIMENTO

Antes de começar a ensinar habilidades de contato visual é necessário saber que há tipos diferentes de contato visual. O contato visual pode acontecer por um breve período de tempo ou pode se sustentar por um tempo maior; pode ocorrer quando estamos longe da pessoa que nos chama, quando estamos engajados em alguma atividade interessante ou quando há mais de uma pessoa no ambiente. Dessa maneira, o programa de ensino de contato visual é composto por sete etapas, organizadas em níveis de dificuldade, começando da mais fácil (1) até a mais difícil (7). As etapas serão descritas a seguir:

1) Um segundo: olhar brevemente quando chamado. O educador deve estar próximo do aprendiz e chamá-lo pelo nome; a criança deve olhar brevemente para o educador (Figura 26).

2) Três segundos: olhar quando chamado e sustentar brevemente o olhar. O educador deve estar próximo do aprendiz e chamá-lo pelo nome; a criança deve olhar para o educador e sustentar o olhar por aproximadamente três segundos (Figura 26).

3) Cinco segundos: olhar quando chamado e sustentar um pouco mais o olhar. O educador deve estar próximo do aprendiz e chamá-lo pelo nome; a criança deve olhar para o educador e sustentar o olhar por aproximadamente cinco segundos (Figura 26).

4) Ao brincar: olhar quando estiver engajado em alguma atividade interessante. A criança deve estar brincando com algo que gosta muito e o educador deve estar próximo a ela; o educador chama a criança pelo nome e ela deve parar o que está fazendo e olhá-lo (Figura 27).

5) **À distância: olhar quando a pessoa que chama está longe.** O educador deve estar a dois ou três metros do aprendiz; o educador chama a criança pelo nome e ela precisa olhá-lo (Figura 28).

6) **Ao brincar e a distância: olhar quando engajado em alguma atividade interessante e a pessoa que chama está longe.** O educador deve estar a dois ou três metros do aprendiz, que, por sua vez, deve estar brincando com algo que gosta muito; o educador chama a criança pelo nome e ela deve parar o que está fazendo e olhá-lo (Figura 29).

7) **Com mais de uma pessoa: olhar corretamente quando há mais de uma pessoa no ambiente e elas se revezam em chamar o aprendiz.** Os educadores podem estar próximos ou distantes do aprendiz; eles se alternam em chamar a criança pelo nome e ela deve olhar para quem está chamando (Figura 30).

O procedimento geral de ensino de contato visual é similar em todas as etapas. O educador chama a criança pelo nome e aguarda que ela olhe para ele; quando a criança olha, o educador tenta reforçar com elogios, brincadeiras ou objetos (é necessário avaliar o que a criança mais gosta e que vai deixá-la motivada a olhar novamente). Caso a criança não olhe após ser chamada, o educador pode ajudá-la, tocando na criança para alertá-la, colocando a mão da criança próximo aos olhos do educador (a criança tenderá a olhar na direção da mão e, consequentemente, olhará para o rosto do educador) ou colocando um objeto que a criança gosta muito na altura dos olhos do educador, pois assim a criança olhará para o objeto, mas também para o rosto do educador. As ajudas devem ser diminuídas gradativamente até que a criança consiga realizar a atividade sem auxílio.

Contato visual de 1 a 5 segundos

FIGURA 26 - CONTATO VISUAL POR UM, TRÊS E CINCO SEGUNDOS

Contato visual ao brincar

FIGURA 27 - CONTATO VISUAL AO BRINCAR

Contato visual à distância

FIGURA 28 - CONTATO VISUAL A DISTÂNCIA

Contato visual ao brincar e à distância

FIGURA 29 - CONTATO VISUAL AO BRINCAR E A DISTÂNCIA

Contato visual com mais de uma pessoa

FIGURA 30 - CONTATO VISUAL COM MAIS DE UMA PESSOA

5.3.3 PROTOCOLOS DE ENSINO

Serão utilizados três tipos de protocolos: "Protocolo de Objetivos e Metas" (Figura 16), "Protocolo ABC" (Figura 17) e "Protocolo de Manutenção" (Figura 20). O protocolo de objetivos e metas será utilizado para administrar o ensino das habilidades de contato visual; o protocolo ABC será utilizado para o registro das atividades de ensino; e o protocolo de manutenção será utilizado após a criança aprender todas as habilidades de contato visual, com a função de vigiar as habilidades aprendidas para que ela não esqueça. Utilize uma pasta de papel (com grampo) para organizar os seus registros.

O programa de ensino de contato visual é composto por sete etapas, organizadas em níveis de dificuldade. O protocolo de objetivos e metas tem a função de auxiliar na administração do ensino por etapas e na manutenção das habilidades aprendidas (Figura 31). Esse protocolo deve ser colado na contracapa da pasta de papel que você utilizará para organizar os seus registros, para não perder de vista o que se quer ensinar em curto e em médio prazo. Você deve começar a ensinar a partir da Etapa 1 (um segundo), passando progressivamente para as próximas etapas, até a Etapa 7 (com mais de uma pessoa). Começando com a Etapa 1, você deve marcar um X a lápis na coluna "Ensino", na altura da linha da Etapa 1. Nas linhas das outras etapas você deve marcar um X na coluna "Não ensinado". Quando a criança aprender a habilidade da Etapa 1 (o critério de aprendizagem será descrito a seguir), você deve apagar o X que está na coluna "Ensino", fazer um novo X na coluna "Manutenção" (também na altura da linha da Etapa 1) e escolher a Etapa 2 para o ensino (na linha da Etapa 2, você deve apagar o X da coluna "Não ensinado" e fazer um X em "Ensino"). Todas as vezes que a criança atingir o critério de aprendizagem em uma etapa, você deve passar para a próxima, fazendo as trocas das marcações em lápis, progressivamente, até a Etapa 7. Ao término da Etapa 7, quando todos os X estiverem na coluna "Manutenção", você pode parar de usar esse protocolo, assim como o protocolo ABC, e passará a usar apenas o protocolo de manutenção (Figura 32).

Para registrar as atividades de ensino você usará o protocolo ABC (Figura 33). Na parte superior do protocolo, após o título, o educador pode preencher qual etapa do contato visual ele está ensinando. Além disso, deve preencher o nome do aprendiz e o nome dele. Cada retângulo, localizado abaixo da linha de identificação do aprendiz e do educador, deve ser usado para um dia de atividade. O educador deve preencher a data da realização da atividade, escrever se está usando um item de interesse da criança (opcional) e marcar o desempenho da criança a cada tentativa de ensino. Serão realizadas cinco tentativas de ensino por dia de atividade.

A Figura 34 apresenta uma sequência de tentativas de ensino de contato visual e o registro no protocolo ABC. A cada tentativa o educador chama a criança pelo nome e aguarda até a criança olhá-lo. Se na primeira tentativa a criança olhar sem auxílio do educador, deve-se marcar na primeira coluna (referente à primeira tentativa) um X na altura da linha da letra A, que indica atividade realizada sem ajuda. Se na segunda tentativa a criança olhar com auxílio do educador (qualquer tipo de auxílio), deve-se marcar um X na segunda coluna, na altura da linha da letra B, que indica atividade realizada com ajuda. Se na terceira tentativa a criança não olhar, nem com auxílio do educador, deve-se marcar um X na terceira coluna, na altura da linha da letra C, que indica que a criança não respondeu na atividade. Nas tentativas seguintes deve-se seguir os mesmos critérios: marcações em A para atividade realizada sem ajuda, B para atividade realizada com ajuda e C quando o aprendiz não responder na atividade.

1.3 CONTATO VISUAL

TIPOS	Situação		
	Não ensinado	Ensino	Manutenção
1. Um Segundo			
2. Três Segundos			
3. Cinco Segundos			
4. Ao brincar			
5. À distância			
6. Ao brincar e à distância			
7. Com mais de uma pessoa			

FIGURA 31 - PROTOCOLO DE OBJETIVOS E METAS DE CONTATO VISUAL

1.3 CONTATO VISUAL MANUTENÇÃO

Aprendiz:______________________ Educador:______________________

TIPOS	DATAS																		
1. Um Segundo																			
2. Três Segundos																			
3. Cincos Segundos																			
4. Ao brincar																			
5. À distância																			
6. Ao brincar e à distância																			
7. Com mais de uma pessoa																			
TOTAL DE ACERTOS																			

FIGURA 32 - PROTOCOLO DE MANUTENÇÃO DE CONTATO VISUAL

1.3 CONTATO VISUAL

Procedimento:

1. Diga o nome do aprendiz e aguarde ele te olhar.
2. Se o aprendiz não olhar, chame novamente pelo nome e dê ajuda (ex: pegue um item que ele goste e coloque na altura dos seus olhos, encoste no aprendiz ou leve a mão do aprendiz no seu rosto).
3. Quando o aprendiz te olhar, elogie imediatamente (se você estiver usando um item, assim que o aprendiz te olhar, dê o item a ele ao mesmo tempo em que você o elogia).

Aprendiz:______________________________ Educador:______________________________

DATA	ITEM	TENTATIVAS

	1	2	3	4	5
A					
B					
C					

DATA	ITEM	TENTATIVAS

	1	2	3	4	5
A					
B					
C					

DATA	ITEM	TENTATIVAS

	1	2	3	4	5
A					
B					
C					

DATA	ITEM	TENTATIVAS

	1	2	3	4	5
A					
B					
C					

DATA	ITEM	TENTATIVAS

	1	2	3	4	5
A					
B					
C					

DATA	ITEM	TENTATIVAS

	1	2	3	4	5
A					
B					
C					

DATA	ITEM	TENTATIVAS

	1	2	3	4	5
A					
B					
C					

A – SEM AJUDA
B – COM AJUDA
C – NÃO FEZ

FIGURA 33 - PROTOCOLO ABC DE CONTATO VISUAL

FIGURA 34 - ENSINO E REGISTRO DE CONTATO VISUAL

5.3.4 CRITÉRIO DE APRENDIZAGEM

O programa de ensino de contato visual é composto por sete etapas. Assim, há o critério de aprendizagem para cada etapa de ensino e o critério para a aprendizagem do programa de ensino. Para a etapa de ensino a referência é o protocolo ABC; para o programa de ensino a referência é o protocolo de objetivos e metas.

Quando o aprendiz obtiver três registros seguidos, no protocolo ABC, com 100% das marcações das tentativas em A, considera-se que ele aprendeu aquela etapa de ensino; nesse caso, segue-se para a próxima etapa. É importante manter a habilidade aprendida para evitar que a criança passe para a próxima etapa e perca a habilidade anterior; utilize o protocolo de manutenção à medida que o aprendiz obtiver critério de aprendizagem nas etapas do ensino (Figura 32). Coloque esse protocolo preso ao grampo da pasta e após fazer as tentativas da etapa que está em ensino, faça uma tentativa das etapas que estão em manutenção: marque no protocolo V para acertos e X para erros ou ajudas.

Em relação à aprendizagem do programa, quando todos os X estiverem na coluna "Manutenção" do protocolo de objetivos e metas, considera-se que a criança aprendeu o programa de ensino; nesse caso, anota-se no currículo a data de término do programa, encerra-se o uso dos protocolos de objetivos e metas e ABC, e utiliza-se somente o protocolo de manutenção para evitar que a criança perca as habilidades aprendidas.

O protocolo de manutenção deve ser utilizado diariamente por 3 meses; mantendo-se 100% de acertos no último mês, pode-se passar a utilizá-lo uma vez por semana. Após utilizá-lo uma vez por semana por mais 3 meses e mantendo-se 100% de acertos no último mês, pode-se passar para uma vez a cada 15 dias. Seguindo por mais 3 meses fazendo a cada 15 dias com desempenhos altos, pode-se passar para uma vez por mês por mais 3 meses; mantendo-se os acertos nesse período pode-se encerrar o uso desse protocolo.

O contato visual é um dos requisitos mais importante para o ensino de habilidades mais complexas, por isso a manutenção deve ser feita de maneira cuidadosa. Além do uso do protocolo de manutenção, o educador deve se preocupar em obter o contato visual da criança em situações variadas, diferentes da situação de ensino.

HABILIDADES DE IMITAÇÃO

A área de Habilidades de Imitação é composta pelos seguintes Programas de Ensino: Imitar movimentos motores grossos (2.1); Imitar ações com objetos (2.2); Imitar movimentos motores finos (2.3); Imitar movimentos fonoarticulatórios (2.4); Imitar movimentos grossos em pé (2.5); e Imitar sequência de movimentos (2.6). A seguir serão apresentados os Programas de Ensino com a definição, descrição dos procedimentos e protocolos.

6.1 DEFINIÇÃO

A imitação é uma habilidade muito importante para o desenvolvimento e para a aprendizagem de novas habilidades. Quando não sabemos bem o que fazer, observamos as outras pessoas e copiamos o modelo. Imagine que você nunca tenha viajado de avião; você chega ao aeroporto, não sabe o que fazer, observa as pessoas se direcionando para a fila e faz o mesmo que elas, se direcionando para a fila também. Nesse contexto, você aprende rapidamente o que deve fazer sem que alguém tenha que te explicar. Assim, imitar é uma maneira de aprender habilidades novas quase que "espontaneamente", sem a necessidade de instrução verbal, partindo da observação do comportamento de outras pessoas.

Outro aspecto fundamental da imitação é que ela é um requisito importante para a interação social e para o desenvolvimento da linguagem. Imitar ações de outras pessoas permite que a criança participe de brincadeiras e se relacione com os colegas. Imitar movimentos de boca é fundamental para o aparecimento e o desenvolvimento da fala.

Crianças com autismo podem apresentar dificuldades em imitar outras pessoas, porém é possível ensinar a elas habilidades refinadas de imitação, o que consequentemente pode melhorar a qualidade da interação social, da linguagem e do desenvolvimento como um todo.

6.2 PROCEDIMENTO

A área de imitação é constituída por seis programas de ensino, cada um deles com um tipo de imitação diferente. O procedimento geral de ensino de todos eles é muito parecido; o educador faz o movimento e solicita que o aprendiz repita-o. Porém, há detalhes específicos de cada um dos programas que precisam ser ressaltados e que serão descritos a seguir:

1) Imitar movimentos motores grossos (2.1): consiste em ensinar a criança a imitar movimentos como bater palmas, dar tchau ou colocar as mãos na cabeça.

2) Imitar ações com objetos (2.2): consiste em ensinar a criança a imitar ações motoras que envolvam objetos, como colocar um chapéu na cabeça, fazer uma bolinha com a massinha ou dar comida para um fantoche.

3) Imitar movimentos motores finos (2.3): consiste em ensinar a criança a imitar ações com movimentos de mãos ou de dedos, como apontar para a palma da mão ou mexer os dedos.

4) Imitar movimentos fonoarticulatórios (2.4): consiste em ensinar a criança a imitar movimentos com a boca, como soprar ou colocar a língua para fora.

5) Imitar movimentos grossos em pé (2.5): consiste em ensinar a criança a imitar movimentos que precisam ser realizados em pé, como ficar em um pé só ou chutar uma bola.

6) Imitar sequência de movimentos (2.6): consiste em ensinar a criança a imitar mais de um movimento em sequência, como dar tchau e mandar beijo ou fazer "sim" e "não" com a cabeça.

Alguns aspectos importantes devem ser observados ao ensinar habilidades de imitação:

1) Habilidades de imitação são mais complexas do que as habilidades de atenção, descritas no capítulo anterior, por isso exigem uma atenção maior do educador.

2) A atividade de imitação consiste em o educador fazer o movimento primeiro e o aprendiz fazer o mesmo movimento em seguida e não o inverso. Por exemplo: se o educador estiver ensinando uma imitação com objetos, como empurrar um carrinho, e a criança pegar o carrinho antes do educador e empurrar sem o modelo, isso não indica imitação; imitar é quando o educador faz o movimento primeiro e a criança faz na sequência. Fique atento!

3) Há dois aspectos que influenciam no desempenho (resposta) do aprendiz: a maneira como o educador dá a instrução (antecedentes) e a maneira como o educador se comporta em relação ao desempenho da criança (consequência), em situações de erros ou acertos.

4) Em relação ao antecedente, é importante ressaltar que o ensino de imitação é predominantemente visual; isso significa que o educador deve evitar descrever verbalmente aquilo que a criança tem que fazer. Dessa maneira o educador, ao fazer o movimento, deve falar apenas "faça assim", "faça isso" ou "faça igual a mim" e nunca dizer o nome do movimento, tipo "bata palmas". Quando o educador diz o que tem que ser feito, a criança pode ficar atenta à orientação verbal do educador e não ao aspecto visual da tarefa, o que configura uma atividade de atendimento de instrução e não de imitação. O educador até pode descrever verbalmente a ação quando a criança não for capaz de realizar a imitação apenas com o modelo visual, porém isso é considerado um procedimento de ajuda, que deve ser retirado gradativamente. A criança só estará realmente imitando quando o educador fizer o movimento (sem descrições verbais) e a criança repetir o movimento a partir da observação do movimento do educador.

5) Ainda em relação ao antecedente, o educador deve preocupar-se em obter a atenção da criança antes de fazer o movimento, pois se ela estiver distraída pode ser que não veja o movimento, aumentando a probabilidade de erros ou de não realização da atividade.

6) A resposta do aprendiz é considerada errada quando ele não faz o movimento ou faz o movimento de maneira inadequada (movimento completamente ou parcialmente diferente do modelo). Nessas duas situações o educador pode auxiliar o aprendiz fisicamente ou com dicas verbais. Por exemplo, se o modelo for bater palmas, o educador pode pegar as mãos do aprendiz e auxiliar na realização do movimento ou falar com o aprendiz algo do tipo "bata palmas, assim como eu estou fazendo". Esses procedimentos de ajuda devem ser retirados gradativamente até que o aprendiz consiga executar o movimento sem ajudas.

7) Quando a criança realizar o movimento de maneira correta (independentemente ou com ajudas), o educador deve se preocupar em oferecer consequências que vão deixar a criança motivada e que provavelmente contribuirão para que ela realize a atividade novamente, sempre que for solicitada. O educador pode elogiar, fazer brincadeiras, cantar, oferecer um brinquedo, um objeto ou um alimento que a criança goste muito. Por exemplo, para uma criança que adora assistir a vídeos no celular: o educador pode deixar a criança assistir um pouco do vídeo; parar o vídeo; solicitar que a criança realize o movimento e, após o aprendiz realizar o movimento de maneira correta (com ou sem ajudas), o educador elogia e liga o vídeo novamente (como uma espécie de premiação pela realização correta da atividade).

8) Se a criança demonstrar muitas dificuldades no programa Imitar movimentos fonoarticulatórios (2.4), você pode fazer apenas duas tentativas de cada movimento, ao invés de quatro.

6.3 ORIENTAÇÕES GERAIS SOBRE OS PROTOCOLOS

Em todos os programas de imitação serão utilizados três tipos de protocolos; "Protocolo de Objetivos e Metas" (Figura 16), "Protocolo ABC" (Figura 17) e "Protocolo de Manutenção" (Figura 20). Os protocolos de objetivos e metas auxiliarão na administração do ensino das habilidades de cada um dos programas de imitação; os protocolos ABC serão utilizados para o registro das atividades de ensino; e os protocolos de manutenção serão utilizados após a criança aprender todas as habilidades do programa de imitação, com a função de vigiar as habilidades aprendidas para que ela não se esqueça. Utilize pastas de papel (com grampo) para organizar seus registros: uma pasta para cada programa de ensino.

Os protocolos dos programas de imitação são semelhantes; a diferença está nos comportamentos a serem ensinados. Serão ensinados 20 comportamentos em cada um dos seguintes programas: Imitar movimentos motores grossos (2.1), Imitar ações com objetos (2.2), Imitar movimentos grossos em pé (2.5) e Imitar sequência de movimentos (2.6), 12 em Imitar movimentos motores finos (2.3) e 14 em Imitar movimentos fonoarticulatórios (2.4)

Os protocolos de objetivos e metas devem ser colados na contracapa de cada pasta de papel que você utilizará para organizar os seus registros (uma pasta para cada um dos programas de imitação), para não perder de vista o que se quer ensinar em curto e em médio prazo. Você deve escolher quatro comportamentos da lista dos protocolos de objetivos e metas (os protocolos serão apresentados a seguir), de cada um dos programas de imitação, para começar a ensiná-los para a criança, pois não será possível ensinar todos os comportamentos ao mesmo tempo. A sugestão é escolher os comportamentos que você avalia que serão mais fáceis para a criança aprender, independentemente da sequência em que aparecem na lista dos protocolos de objetivos e metas (ex.: você pode escolher os comportamentos de número 2, 5, 8 e 12). Você deve marcar um X a lápis na coluna "Ensino", na altura da linha dos comportamentos escolhidos para o ensino. Nas linhas dos outros comportamentos, você deve marcar um X na coluna "Não ensinado". Quando a criança aprender um comportamento (o critério de aprendizagem será descrito a seguir), você deve apagar o X que está na coluna "Ensino", na altura da linha do comportamento aprendido, fazer um novo X na coluna "Manutenção" (também na altura da linha do comportamento aprendido) e escolher outro comportamento para o ensino (na linha do comportamento novo, você deve apagar o X da coluna "Não ensinado" e fazer um X em "Ensino"). Todas as vezes que a criança atingir o critério de aprendizagem em um comportamento você deve selecionar um novo comportamento, fazendo as trocas das marcações em lápis, progressivamente, até o término do programa de ensino. A troca deve ser feita considerando o critério de aprendizagem para cada comportamento individual e não para os quatro comportamentos escolhidos; isso significa que você pode trocar um comportamento por vez e não há a necessidade de aguardar que a criança atinja o critério de aprendizagem para os quatro comportamentos escolhidos. Ao término do programa de ensino, quando todos os X estiverem na coluna "Manutenção", você pode parar de usar esse protocolo, assim como o protocolo ABC, e passará a usar apenas o protocolo de manutenção.

Para registrar as atividades de ensino, você usará os protocolos ABC (ver Figura 17). Cada retângulo deve ser utilizado para um dia de atividade. Em cada retângulo o educador deve preencher o nome do aprendiz, o nome dele e a data de realização da atividade. Abaixo dos dados de identificação há quatro quadrados nos quais o educador anotará o desempenho do aprendiz por tentativas de ensino, conforme descrito na Figura 17. Observe na lista de protocolo de objetivos e metas que cada comportamento tem um número; o educador deve preencher o número dos quatro comportamentos escolhidos para o ensino, conforme descrito na Figura 16. Serão realizadas quatro tentativas de ensino de cada comportamento escolhido.

A Figura 35 apresenta uma sequência de tentativas de ensino de imitação e o registro no protocolo ABC. A cada tentativa o educador faz o movimento e o aprendiz deve repeti-lo na sequência. Se na primeira tentativa a criança repetir o movimento sem auxílio do educador, deve-se marcar na primeira coluna (referente à primeira tentativa) um X na altura da linha da letra A, que indica atividade realizada sem ajuda. Se na segunda tentativa a criança não fizer o movimento e tiver que ser auxiliado pelo educador (qualquer tipo de auxílio), deve-se marcar um X na segunda coluna, na altura da linha da letra B, que indica atividade realizada com ajuda. Se na terceira tentativa a criança não olhar, nem com auxílio do educador, deve-se marcar um X na terceira coluna, na altura da linha da letra C, que indica que a criança não respondeu na atividade. Nas tentativas seguintes deve-se seguir os mesmos critérios: marcações em A para atividade realizada sem ajuda, B para atividade realizada com ajuda e C quando o aprendiz não responder na atividade.

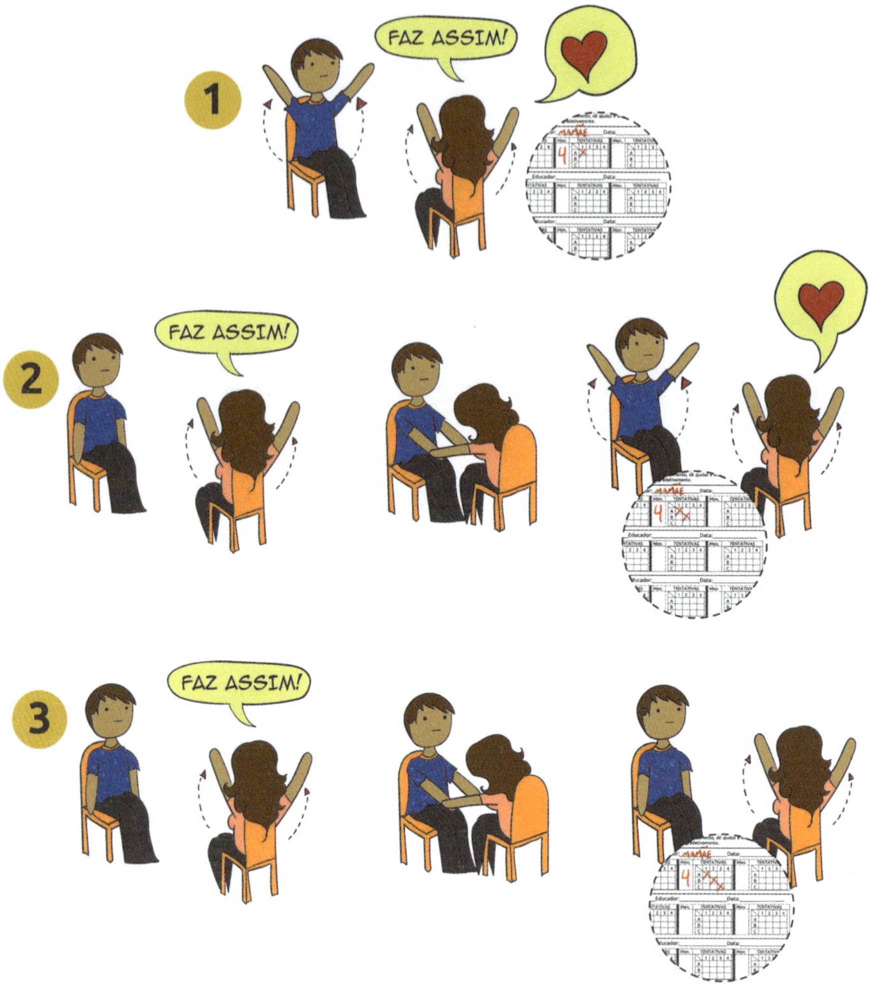

FIGURA 35 - ENSINO E REGISTRO DE IMITAÇÃO

1- Tentativa sem auxílio; 2- Tentativa com auxílio; 3- Não realização da tentativa

6.4 CRITÉRIO DE APRENDIZAGEM

Os programas de imitação são compostos por vários comportamentos. Assim, há um critério de aprendizagem para cada comportamento e um critério de aprendizagem do programa de ensino. Para cada comportamento a referência é o protocolo ABC; para o programa de ensino a referência é o protocolo de objetivos e metas.

Quando o aprendiz obtiver três registros seguidos, no protocolo ABC, com 100% das marcações das tentativas em A, de um determinado comportamento, considera-se que ele aprendeu aquele comportamento; nesse caso, seleciona-se um novo comportamento para o ensino. É importante manter os comportamentos aprendidos, para evitar que a criança aprenda um novo e esqueça os que foram ensinados previamente; utilize o protocolo de manutenção à medida em que o aprendiz obtiver critério de aprendizagem nos comportamentos. Coloque esse protocolo preso ao grampo da pasta, e após fazer as tentativas dos comportamentos que estão em ensino, faça uma tentativa de cada comportamento que está em manutenção: marque no protocolo V para acertos e X para erros ou ajudas.

Em relação à aprendizagem do programa, quando todos os X estiverem na coluna "Manutenção" do protocolo de objetivos e metas, considera-se que a criança aprendeu o programa de ensino; nesse caso, anota-se no currículo a data de término do programa, encerra-se o uso dos protocolos de objetivos e metas e ABC, e utiliza-se somente o protocolo de manutenção para evitar que a criança perca as habilidades aprendidas.

O protocolo de manutenção deve ser utilizado diariamente por 3 meses; mantendo-se 80% de acertos no último mês, pode-se passar a utilizá-lo uma vez por semana. Após utilizá-lo uma vez por semana por mais 3 meses e mantendo-se 80% de acertos no último mês, pode-se passar para uma vez a cada 15 dias. Seguindo por mais 3 meses fazendo a cada 15 dias com desempenhos altos, pode-se passar para uma vez por mês por mais 3 meses; mantendo-se os acertos nesse período pode-se encerrar o uso desse protocolo.

A imitação é um requisito fundamental para o ensino de habilidades mais complexas como a fala, por isso a manutenção deve ser feita de maneira cuidadosa. Além do uso do protocolo de manutenção, o educador deve se preocupar em estimular que a criança imite comportamentos em situações variadas do cotidiano, que sejam diferentes da situação de ensino.

6.5 PROTOCOLOS DE CADA UM DOS PROGRAMAS DE IMITAÇÃO

A seguir serão apresentados os protocolos de objetivos e metas (seguidos por ilustrações dos movimentos a serem realizados pela criança), ABC e manutenção, que serão utilizados em cada programa de ensino de imitação.

2.1 IMITAR MOVIMENTOS MOTORES GROSSOS

Instrução: "faça isso", "faça assim", "agora é você" ou "agora é a sua vez"	Situação		
	Não ensinado	Ensino	Manutenção
1. Bater na mesa			
2. Bater palmas			
3. Dar tchau			
4. Levantar os braços			
5. Bater os pés no chão			
6. Bater nas pernas			
7. Fazer "não" com a cabeça			
8. Fazer "sim" com a cabeça			
9. Virar-se			
10. Cobrir o rosto com as mãos			
11. Bater nos ombros			
12. Cruzar os braços			
13. Movimentar os braços fazendo um círculo			
14. Bater na barriga			
15. Encostar a mão no pé			
16. Esconder os braços			
17. Bater na mesa com a mão fechada			
18. Colocar as mãos na cintura			
19. Esfregar uma mão na outra			
20. Colocar as mãos na cabeça			

FIGURA 36 - PROTOCOLOS DE OBJETIVOS E METAS DO PROGRAMA IMITAR MOVIMENTOS MOTORES GROSSOS

FIGURA 37 - ILUSTRAÇÃO DOS MOVIMENTOS DO PROGRAMA IMITAR MOVIMENTOS MOTORES GROSSOS

2.1 IMITAR MOVIMENTOS MOTORES GROSSOS

Procedimento: Obtenha a atenção do aprendiz. Faça o movimento e solicite que o aprendiz repita o movimento. Ao fazer o movimento fale apenas "faça assim", "faça isso" ou "faça igual a mim" e não fale o nome do movimento. Se o aprendiz não fizer o movimento, dê ajudas e elogie quando ele fizer (ou ofereça a ele algo que gosta). Diminua as ajudas gradativamente.

Aprendiz:____________________Educador:________________Data:_______________

Mov.	TENTATIVAS					Mov.	TENTATIVAS					Mov.	TENTATIVAS					Mov.	TENTATIVAS				
		1	2	3	4			1	2	3	4			1	2	3	4			1	2	3	4
	A						A						A						A				
	B						B						B						B				
	C						C						C						C				

Aprendiz:____________________Educador:________________Data:_______________

Mov.	TENTATIVAS					Mov.	TENTATIVAS					Mov.	TENTATIVAS					Mov.	TENTATIVAS				
		1	2	3	4			1	2	3	4			1	2	3	4			1	2	3	4
	A						A						A						A				
	B						B						B						B				
	C						C						C						C				

Aprendiz:____________________Educador:________________Data:_______________

Mov.	TENTATIVAS					Mov.	TENTATIVAS					Mov.	TENTATIVAS					Mov.	TENTATIVAS				
		1	2	3	4			1	2	3	4			1	2	3	4			1	2	3	4
	A						A						A						A				
	B						B						B						B				
	C						C						C						C				

Aprendiz:____________________Educador:________________Data:_______________

Mov.	TENTATIVAS					Mov.	TENTATIVAS					Mov.	TENTATIVAS					Mov.	TENTATIVAS				
		1	2	3	4			1	2	3	4			1	2	3	4			1	2	3	4
	A						A						A						A				
	B						B						B						B				
	C						C						C						C				

Aprendiz:____________________Educador:________________Data:_______________

Mov.	TENTATIVAS					Mov.	TENTATIVAS					Mov.	TENTATIVAS					Mov.	TENTATIVAS				
		1	2	3	4			1	2	3	4			1	2	3	4			1	2	3	4
	A						A						A						A				
	B						B						B						B				
	C						C						C						C				

Aprendiz:____________________Educador:________________Data:_______________

Mov.	TENTATIVAS					Mov.	TENTATIVAS					Mov.	TENTATIVAS					Mov.	TENTATIVAS				
		1	2	3	4			1	2	3	4			1	2	3	4			1	2	3	4
	A						A						A						A				
	B						B						B						B				
	C						C						C						C				

A – SEM AJUDA
B – COM AJUDA
C – NÃO FEZ

FIGURA 38 - PROTOCOLOS ABC DO PROGRAMA IMITAR MOVIMENTOS MOTORES GROSSOS

2.1 IMITAR MOVIMENTOS MOTORES GROSSOS MANUTENÇÃO

Aprendiz:______________________________ Educador:______________________________

Instrução: "faça isso", "faça assim", "agora é você" ou "agora é a sua vez"	DATAS													
1. Bater na mesa														
2. Bater palmas														
3. Dar tchau														
4. Levantar os braços														
5. Bater os pés no chão														
6. Bater nas pernas														
7. Fazer "não" com a cabeça														
8. Fazer "sim" com a cabeça														
9. Virar-se														
10. Cobrir o rosto com as mãos														
11. Bater nos ombros														
12. Cruzar os braços														
13. Movimentar os braços fazendo um círculo														
14. Bater na barriga														
15. Encostar a mão no pé														
16. Esconder os braços														
17. Bater na mesa com a mão fechada														
18. Colocar as mãos na cintura														
19. Esfregar uma mão na outra														
20. Colocar as mãos na cabeça														
TOTAL DE ACERTOS														

FIGURA 39 - PROTOCOLOS DE MANUTENÇÃO DO PROGRAMA IMITAR MOVIMENTOS MOTORES GROSSOS

2.2 IMITAR AÇÕES COM OBJETOS

Instrução: "faça isso", "faça assim", "agora é você" ou "agora é a sua vez"	Situação		
	Não ensinado	Ensino	Manutenção
1. Colocar um objeto dentro de uma caixa			
2. Tocar uma campainha			
3. Empurrar um carrinho			
4. Empilhar blocos			
5. Bater em um tambor			
6. Colocar um chapéu			
7. Rabiscar			
8. Limpar a boca com um pano ou guardanapo			
9. Martelar (brinquedo de pino)			
10. Alimentar uma boneca			
11. Balançar um sino			
12. Levar um telefone à orelha			
13. Beber de um copo			
14. Colocar óculos			
15. Escovar os cabelos			
16.Fazer uma bolinha com uma massinha (duas mãos)			
17. Fazer uma minhoca de massinha (mesa)			
18. Manipular um fantoche			
19. Dar um beijo na boneca			
20. Amassar uma folha			

FIGURA 40 - PROTOCOLOS DE OBJETIVOS E METAS DO PROGRAMA IMITAR AÇÕES COM OBJETOS

FIGURA 41 - ILUSTRAÇÃO DOS MOVIMENTOS DO PROGRAMA IMITAR AÇÕES COM OBJETOS

2.2 IMITAR AÇÕES COM OBJETOS

Procedimento: Obtenha a atenção do aprendiz. Faça o movimento e solicite que o aprendiz repita o movimento. Ao fazer o movimento fale apenas "faça assim", "faça isso" ou "faça igual a mim" e não fale o nome do movimento. Se o aprendiz não fizer o movimento, dê ajudas e elogie quando ele fizer (ou ofereça a ele algo que gosta). Diminua as ajudas gradativamente.

Aprendiz:____________________Educador:________________Data:______________

Mov.	TENTATIVAS					Mov.	TENTATIVAS					Mov.	TENTATIVAS					Mov.	TENTATIVAS				
		1	2	3	4			1	2	3	4			1	2	3	4			1	2	3	4
	A						A						A						A				
	B						B						B						B				
	C						C						C						C				

Aprendiz:____________________Educador:________________Data:______________

Mov.	TENTATIVAS					Mov.	TENTATIVAS					Mov.	TENTATIVAS					Mov.	TENTATIVAS				
		1	2	3	4			1	2	3	4			1	2	3	4			1	2	3	4
	A						A						A						A				
	B						B						B						B				
	C						C						C						C				

Aprendiz:____________________Educador:________________Data:______________

Mov.	TENTATIVAS					Mov.	TENTATIVAS					Mov.	TENTATIVAS					Mov.	TENTATIVAS				
		1	2	3	4			1	2	3	4			1	2	3	4			1	2	3	4
	A						A						A						A				
	B						B						B						B				
	C						C						C						C				

Aprendiz:____________________Educador:________________Data:______________

Mov.	TENTATIVAS					Mov.	TENTATIVAS					Mov.	TENTATIVAS					Mov.	TENTATIVAS				
		1	2	3	4			1	2	3	4			1	2	3	4			1	2	3	4
	A						A						A						A				
	B						B						B						B				
	C						C						C						C				

Aprendiz:____________________Educador:________________Data:______________

Mov.	TENTATIVAS					Mov.	TENTATIVAS					Mov.	TENTATIVAS					Mov.	TENTATIVAS				
		1	2	3	4			1	2	3	4			1	2	3	4			1	2	3	4
	A						A						A						A				
	B						B						B						B				
	C						C						C						C				

Aprendiz:____________________Educador:________________Data:______________

Mov.	TENTATIVAS					Mov.	TENTATIVAS					Mov.	TENTATIVAS					Mov.	TENTATIVAS				
		1	2	3	4			1	2	3	4			1	2	3	4			1	2	3	4
	A						A						A						A				
	B						B						B						B				
	C						C						C						C				

A – SEM AJUDA
B – COM AJUDA
C – NÃO FEZ

FIGURA 42 - PROTOCOLOS ABC DO PROGRAMA IMITAR AÇÕES COM OBJETOS

2.2 IMITAR AÇÕES COM OBJETOS MANUTENÇÃO

Aprendiz:____________________ Educador:____________________

Instrução: "faça isso", "faça assim", "agora é você" ou "agora é a sua vez"	DATAS													
1. Colocar um objeto dentro de uma caixa														
2. Tocar uma campainha														
3. Empurrar um carrinho														
4. Empilhar blocos														
5. Bater em um tambor														
6. Colocar um chapéu														
7. Rabiscar														
8. Limpar a boca com um pano ou guardanapo														
9. Martelar (brinquedo de pino)														
10. Alimentar uma boneca														
11. Balançar um sino														
12. Levar um telefone à orelha														
13. Beber de um copo														
14. Colocar óculos														
15. Escovar os cabelos														
16. Fazer uma bolinha com uma massinha (duas mãos)														
17. Fazer uma minhoca de massinha (mesa)														
18. Manipular um fantoche														
19. Dar um beijo na boneca														
20. Amassar uma folha														
TOTAL DE ACERTOS														

FIGURA 43 - PROTOCOLOS DE MANUTENÇÃO DO PROGRAMA IMITAR AÇÕES COM OBJETOS

2.3 IMITAR MOVIMENTOS MOTORES FINOS

Instrução: "faça isso", "faça assim", "agora é você" ou "agora é a sua vez"	Situação		
	Não ensinado	Ensino	Manutenção
1. Juntar as mãos			
2. Abrir e fechar as mãos			
3. Tocar um indicador no outro			
4. Tocar um polegar no outro			
5. Mexer os dedos			
6. Unir as duas mãos entrelaçando os dedos			
7. Tocar o dedo indicador no polegar (pinça)			
8. Apontar para o nariz			
9. Apontar o dedo indicador para a palma da mão			
10. Levantar o dedo indicador			
11. Colocar os polegares para cima ("jóia")			
12. Fazer o sinal de "v"			

FIGURA 44 - PROTOCOLOS DE OBJETIVOS E METAS DO PROGRAMA IMITAR MOVIMENTOS FINOS

FIGURA 45 - ILUSTRAÇÃO DOS MOVIMENTOS DO PROGRAMA IMITAR MOVIMENTOS FINOS

2.3 IMITAR MOVIMENTOS MOTORES FINOS

Procedimento: Obtenha a atenção do aprendiz. Faça o movimento e solicite que o aprendiz repita o movimento. Ao fazer o movimento fale apenas "faça assim", "faça isso" ou "faça igual a mim" e não fale o nome do movimento. Se o aprendiz não fizer o movimento, dê ajudas e elogie quando ele fizer (ou ofereça a ele algo que gosta). Diminua as ajudas gradativamente.

Aprendiz:____________________Educador:________________Data:______________

Mov.	TENTATIVAS					Mov.	TENTATIVAS					Mov.	TENTATIVAS					Mov.	TENTATIVAS				
		1	2	3	4			1	2	3	4			1	2	3	4			1	2	3	4
	A						A						A						A				
	B						B						B						B				
	C						C						C						C				

Aprendiz:____________________Educador:________________Data:______________

Mov.	TENTATIVAS					Mov.	TENTATIVAS					Mov.	TENTATIVAS					Mov.	TENTATIVAS				
		1	2	3	4			1	2	3	4			1	2	3	4			1	2	3	4
	A						A						A						A				
	B						B						B						B				
	C						C						C						C				

Aprendiz:____________________Educador:________________Data:______________

Mov.	TENTATIVAS					Mov.	TENTATIVAS					Mov.	TENTATIVAS					Mov.	TENTATIVAS				
		1	2	3	4			1	2	3	4			1	2	3	4			1	2	3	4
	A						A						A						A				
	B						B						B						B				
	C						C						C						C				

Aprendiz:____________________Educador:________________Data:______________

Mov.	TENTATIVAS					Mov.	TENTATIVAS					Mov.	TENTATIVAS					Mov.	TENTATIVAS				
		1	2	3	4			1	2	3	4			1	2	3	4			1	2	3	4
	A						A						A						A				
	B						B						B						B				
	C						C						C						C				

Aprendiz:____________________Educador:________________Data:______________

Mov.	TENTATIVAS					Mov.	TENTATIVAS					Mov.	TENTATIVAS					Mov.	TENTATIVAS				
		1	2	3	4			1	2	3	4			1	2	3	4			1	2	3	4
	A						A						A						A				
	B						B						B						B				
	C						C						C						C				

Aprendiz:____________________Educador:________________Data:______________

Mov.	TENTATIVAS					Mov.	TENTATIVAS					Mov.	TENTATIVAS					Mov.	TENTATIVAS				
		1	2	3	4			1	2	3	4			1	2	3	4			1	2	3	4
	A						A						A						A				
	B						B						B						B				
	C						C						C						C				

A – SEM AJUDA
B – COM AJUDA
C – NÃO FEZ

FIGURA 46 - PROTOCOLOS ABC DO PROGRAMA IMITAR MOVIMENTOS FINOS

2.3 IMITAR MOVIMENTOS MOTORES FINOS MANUTENÇÃO

Aprendiz:______________________________ Educador:______________________________

Instrução: "faça isso", "faça assim", "agora é você" ou "agora é a sua vez"	**DATAS**													
1. Juntar as mãos														
2. Abrir e fechar as mãos														
3. Tocar um indicador no outro														
4. Tocar um polegar no outro														
5. Mexer os dedos														
6. Unir as duas mãos entrelaçando os dedos														
7. Tocar o dedo indicador no polegar (pinça)														
8. Apontar para o nariz														
9. Apontar o dedo indicador para a palma da mão														
10. Levantar o dedo indicador														
11. Colocar os polegares para cima ("jóia")														
12. Fazer o sinal de "v"														
TOTAL DE ACERTOS														

FIGURA 47 - PROTOCOLOS DE MANUTENÇÃO DO PROGRAMA IMITAR MOVIMENTOS FINOS

2.4 IMITAR MOVIMENTOS FONOARTICULATÓRIOS

Instrução: "faça isso", "faça assim", "agora é você" ou "agora é a sua vez"	Situação		
	Não ensinado	Ensino	Manutenção
1. Abrir a boca			
2. Colocar a língua para fora			
3. Colocar a língua para o lado direito da boca			
4. Colocar a língua para o lado esquerdo da boca			
5. Fechar a boca			
6. Morder			
7. Soprar			
8. Sorrir			
9. Franzir a boca fazendo bico			
10. Beijo (bico e som)			
11. Colocar a língua nos dentes de cima			
12. Lamber (língua de baixo para cima)			
13. Inflar as bochechas			
14. Colocar os dentes de cima sobre o lábio inferior			

FIGURA 48 - PROTOCOLOS DE OBJETIVOS E METAS DO PROGRAMA IMITAR MOVIMENTOS FONOARTICULATÓRIOS

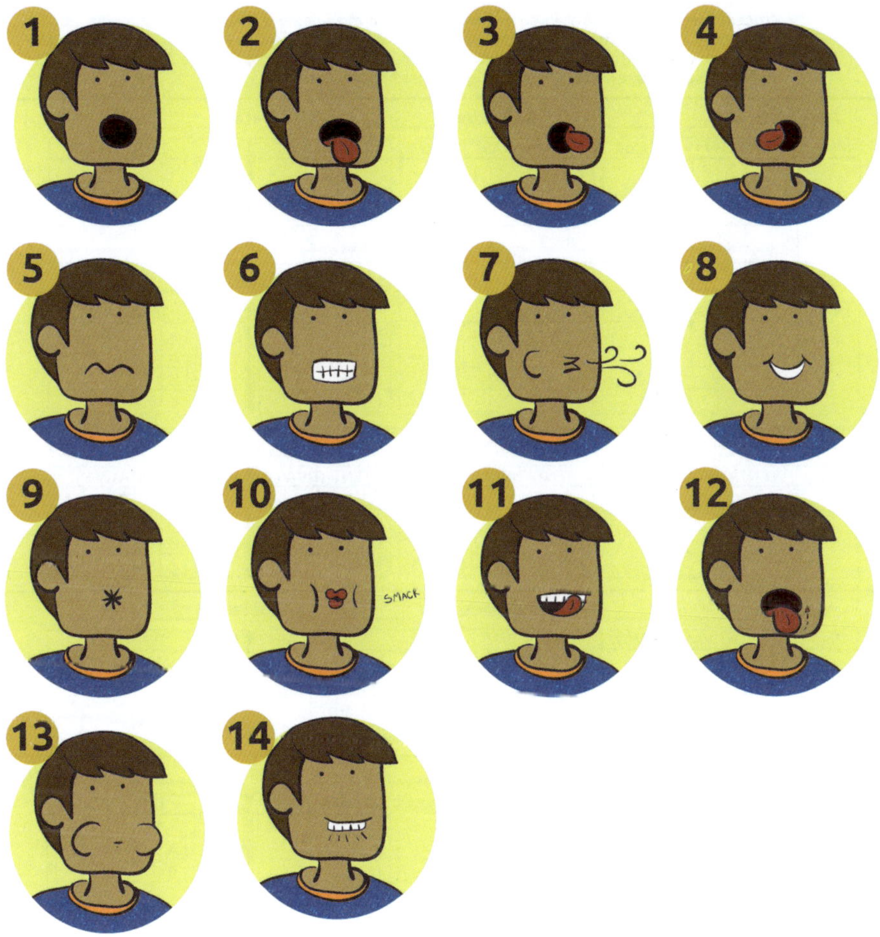

FIGURA 49 - ILUSTRAÇÃO DOS MOVIMENTOS DO PROGRAMA IMITAR MOVIMENTOS FONOARTICULATÓRIOS

2.4 IMITAR MOVIMENTOS FONOARTICULATÓRIOS

Procedimento: Obtenha a atenção do aprendiz. Faça o movimento e solicite que o aprendiz repita o movimento. Ao fazer o movimento fale apenas "faça assim", "faça isso" ou "faça igual a mim" e não fale o nome do movimento. Se o aprendiz não fizer o movimento, dê ajudas e elogie quando ele fizer (ou ofereça a ele algo que gosta). Diminua as ajudas gradativamente.

Aprendiz:____________________Educador:________________Data:_______________

Mov.	TENTATIVAS					Mov.	TENTATIVAS					Mov.	TENTATIVAS					Mov.	TENTATIVAS				
		1	2	3	4			1	2	3	4			1	2	3	4			1	2	3	4
	A						A						A						A				
	B						B						B						B				
	C						C						C						C				

Aprendiz:____________________Educador:________________Data:_______________

Mov.	TENTATIVAS					Mov.	TENTATIVAS					Mov.	TENTATIVAS					Mov.	TENTATIVAS				
		1	2	3	4			1	2	3	4			1	2	3	4			1	2	3	4
	A						A						A						A				
	B						B						B						B				
	C						C						C						C				

Aprendiz:____________________Educador:________________Data:_______________

Mov.	TENTATIVAS					Mov.	TENTATIVAS					Mov.	TENTATIVAS					Mov.	TENTATIVAS				
		1	2	3	4			1	2	3	4			1	2	3	4			1	2	3	4
	A						A						A						A				
	B						B						B						B				
	C						C						C						C				

Aprendiz:____________________Educador:________________Data:_______________

Mov.	TENTATIVAS					Mov.	TENTATIVAS					Mov.	TENTATIVAS					Mov.	TENTATIVAS				
		1	2	3	4			1	2	3	4			1	2	3	4			1	2	3	4
	A						A						A						A				
	B						B						B						B				
	C						C						C						C				

Aprendiz:____________________Educador:________________Data:_______________

Mov.	TENTATIVAS					Mov.	TENTATIVAS					Mov.	TENTATIVAS					Mov.	TENTATIVAS				
		1	2	3	4			1	2	3	4			1	2	3	4			1	2	3	4
	A						A						A						A				
	B						B						B						B				
	C						C						C						C				

Aprendiz:____________________Educador:________________Data:_______________

Mov.	TENTATIVAS					Mov.	TENTATIVAS					Mov.	TENTATIVAS					Mov.	TENTATIVAS				
		1	2	3	4			1	2	3	4			1	2	3	4			1	2	3	4
	A						A						A						A				
	B						B						B						B				
	C						C						C						C				

A – SEM AJUDA
B – COM AJUDA
C – NÃO FEZ

FIGURA 50 - PROTOCOLOS ABC DO PROGRAMA IMITAR MOVIMENTOS FONOARTICULATÓRIOS

2.4 IMITAR MOVIMENTOS FONOARTICULATÓRIOS MANUTENÇÃO

Aprendiz:______________________ Educador:______________________

Instrução: "faça isso", "faça assim", "agora é você" ou "agora é a sua vez"	DATAS													
1. Abrir a boca														
2. Colocar a língua para fora														
3. Colocar a língua para o lado direito da boca														
4. Colocar a língua para o lado esquerdo da boca														
5. Fechar a boca														
6. Morder														
7. Soprar														
8. Sorrir														
9. Franzir a boca fazendo bico														
10. Beijo (bico e som)														
11. Colocar a língua nos dentes de cima														
12. Lamber (língua de baixo para cima)														
13. Inflar as bochechas														
14. Colocar os dentes de cima sobre o lábio inferior														
TOTAL DE ACERTOS														

FIGURA 51 - PROTOCOLOS DE MANUTENÇÃO DO PROGRAMA IMITAR MOVIMENTOS FONOARTICULATÓRIOS

2.5 IMITAR MOVIMENTOS GROSSOS EM PÉ

Instrução: "faça isso", "faça assim", "agora é você" ou "agora é a sua vez"	Situação		
	Não ensinado	Ensino	Manutenção
1. Agachar			
2. Rodar no mesmo lugar			
3. Levantar os braços ou abrir os braços			
4. Marchar			
5. Sentar no chão			
6. Encostar as mãos no chão			
7. Bater na porta			
8. Engatinhar			
9. Andar em volta de uma cadeira			
10. Deitar no chão			
11. Colocar as mãos no quadril			
12. Mexer a cintura			
13. Ficar em um pé só ou levantar um dos pés			
14. Colocar as mãos na cabeça			
15. Colocar as mãos para trás			
16. Pular			
17. Encostar as mãos nos joelhos			
18. Tocar os ombros			
19. Jogar uma bola			
20. Chutar uma bola			

FIGURA 52 - PROTOCOLOS DE OBJETIVOS E METAS DO PROGRAMA IMITAR MOVIMENTOS GROSSOS EM PÉ

FIGURA 53 - ILUSTRAÇÃO DOS MOVIMENTOS DO PROGRAMA IMITAR MOVIMENTOS GROSSOS EM PÉ

2.5 IMITAR MOVIMENTOS GROSSOS EM PÉ

Procedimento: Obtenha a atenção do aprendiz. Faça o movimento e solicite que o aprendiz repita o movimento. Ao fazer o movimento fale apenas "faça assim", "faça isso" ou "faça igual a mim" e não fale o nome do movimento. Se o aprendiz não fizer o movimento, dê ajudas e elogie quando ele fizer (ou ofereça a ele algo que gosta). Diminua as ajudas gradativamente.

Aprendiz:____________________Educador:__________________Data:________________

Mov.	TENTATIVAS					Mov.	TENTATIVAS					Mov.	TENTATIVAS					Mov.	TENTATIVAS				
		1	2	3	4			1	2	3	4			1	2	3	4			1	2	3	4
	A						A						A						A				
	B						B						B						B				
	C						C						C						C				

Aprendiz:____________________Educador:__________________Data:________________

Mov.	TENTATIVAS					Mov.	TENTATIVAS					Mov.	TENTATIVAS					Mov.	TENTATIVAS				
		1	2	3	4			1	2	3	4			1	2	3	4			1	2	3	4
	A						A						A						A				
	B						B						B						B				
	C						C						C						C				

Aprendiz:____________________Educador:__________________Data:________________

Mov.	TENTATIVAS					Mov.	TENTATIVAS					Mov.	TENTATIVAS					Mov.	TENTATIVAS				
		1	2	3	4			1	2	3	4			1	2	3	4			1	2	3	4
	A						A						A						A				
	B						B						B						B				
	C						C						C						C				

Aprendiz:____________________Educador:__________________Data:________________

Mov.	TENTATIVAS					Mov.	TENTATIVAS					Mov.	TENTATIVAS					Mov.	TENTATIVAS				
		1	2	3	4			1	2	3	4			1	2	3	4			1	2	3	4
	A						A						A						A				
	B						B						B						B				
	C						C						C						C				

Aprendiz:____________________Educador:__________________Data:________________

Mov.	TENTATIVAS					Mov.	TENTATIVAS					Mov.	TENTATIVAS					Mov.	TENTATIVAS				
		1	2	3	4			1	2	3	4			1	2	3	4			1	2	3	4
	A						A						A						A				
	B						B						B						B				
	C						C						C						C				

Aprendiz:____________________Educador:__________________Data:________________

Mov.	TENTATIVAS					Mov.	TENTATIVAS					Mov.	TENTATIVAS					Mov.	TENTATIVAS				
		1	2	3	4			1	2	3	4			1	2	3	4			1	2	3	4
	A						A						A						A				
	B						B						B						B				
	C						C						C						C				

A – SEM AJUDA
B – COM AJUDA
C – NÃO FEZ

FIGURA 54 - PROTOCOLOS ABC DO PROGRAMA IMITAR MOVIMENTOS GROSSOS EM PÉ

2.5 IMITAR MOVIMENTOS GROSSOS EM PÉ MANUTENÇÃO

Aprendiz:______________________________ Educador:______________________________

Instrução: "faça isso", "faça assim", "agora é você" ou "agora é a sua vez"	**DATAS**													
1. Agachar														
2. Rodar no mesmo lugar														
3. Levantar os braços ou abrir os braços														
4. Marchar														
5. Sentar no chão														
6. Encostar as mãos no chão														
7. Bater na porta														
8. Engatinhar														
9. Andar em volta de uma cadeira														
10. Deitar no chão														
11. Colocar as mãos no quadril														
12. Mexer a cintura														
13. Ficar em um pé só ou levantar um dos pés														
14. Colocar as mãos na cabeça														
15. Colocar as mãos para trás														
16. Pular														
17. Encostar as mãos nos joelhos														
18. Tocar os ombros														
19. Jogar uma bola														
20. Chutar uma bola														
TOTAL DE ACERTOS														

FIGURA 55 - PROTOCOLOS DE MANUTENÇÃO DO PROGRAMA IMITAR MOVIMENTOS GROSSOS EM PÉ

2.6 IMITAR SEQUÊNCIA DE MOVIMENTOS

Instrução: "faça isso", "faça assim", "agora é você" ou "agora é a sua vez"	Situação		
	Não ensinado	Ensino	Manutenção
1. Bater na mesa e bater palmas			
2. Dar tchau e mandar beijo			
3. Fazer sim e não com a cabeça			
4. Colocar as mãos na cabeça e bater nos ombros			
5. Esfregar uma mão na outra e cobrir o rosto			
6. Levantar e ficar em um pé só			
7. Marchar e esconder os braços			
8. Colocar as mãos na cintura e mexer a cintura			
9. Colocar chapéu e óculos			
10. Dar água e comida para a boneca			
11. Empurrar um carrinho e guardar em uma caixa			
12. Fazer bolinha e minhoca de massinha			
13. Levantar e agachar ("vivo ou morto")			
14. Sentar no chão e jogar uma bola			
15. Deitar no chão e levantar os braços			
16. Dar uma volta em uma cadeira e sentar			
17. Tocar os joelhos e tocar os pés			
18. Sentar na cadeira e bater os pés no chão			
19. Bater palmas e pular			
20. Levantar e bater na barriga			

FIGURA 56 - PROTOCOLOS DE OBJETIVOS E METAS DO PROGRAMA IMITAR SEQUÊNCIA DE MOVIMENTOS

FIGURA 57 - ILUSTRAÇÕES DOS MOVIMENTOS DO PROGRAMA IMITAR SEQUÊNCIA DE MOVIMENTOS

2.6 IMITAR SEQUÊNCIA DE MOVIMENTOS

Procedimento: Obtenha a atenção do aprendiz. Faça o movimento e solicite que o aprendiz repita o movimento. Ao fazer o movimento fale apenas "faça assim", "faça isso" ou "faça igual a mim" e não fale o nome do movimento. Se o aprendiz não fizer o movimento, dê ajudas e elogie quando ele fizer (ou ofereça a ele algo que gosta). Diminua as ajudas gradativamente.

Aprendiz:____________________ Educador:________________ Data:______________

Mov.	TENTATIVAS					Mov.	TENTATIVAS					Mov.	TENTATIVAS					Mov.	TENTATIVAS				
		1	2	3	4			1	2	3	4			1	2	3	4			1	2	3	4
	A						A						A						A				
	B						B						B						B				
	C						C						C						C				

Aprendiz:____________________ Educador:________________ Data:______________

Mov.	TENTATIVAS					Mov.	TENTATIVAS					Mov.	TENTATIVAS					Mov.	TENTATIVAS				
		1	2	3	4			1	2	3	4			1	2	3	4			1	2	3	4
	A						A						A						A				
	B						B						B						B				
	C						C						C						C				

Aprendiz:____________________ Educador:________________ Data:______________

Mov.	TENTATIVAS					Mov.	TENTATIVAS					Mov.	TENTATIVAS					Mov.	TENTATIVAS				
		1	2	3	4			1	2	3	4			1	2	3	4			1	2	3	4
	A						A						A						A				
	B						B						B						B				
	C						C						C						C				

Aprendiz:____________________ Educador:________________ Data:______________

Mov.	TENTATIVAS					Mov.	TENTATIVAS					Mov.	TENTATIVAS					Mov.	TENTATIVAS				
		1	2	3	4			1	2	3	4			1	2	3	4			1	2	3	4
	A						A						A						A				
	B						B						B						B				
	C						C						C						C				

Aprendiz:____________________ Educador:________________ Data:______________

Mov.	TENTATIVAS					Mov.	TENTATIVAS					Mov.	TENTATIVAS					Mov.	TENTATIVAS				
		1	2	3	4			1	2	3	4			1	2	3	4			1	2	3	4
	A						A						A						A				
	B						B						B						B				
	C						C						C						C				

Aprendiz:____________________ Educador:________________ Data:______________

Mov.	TENTATIVAS					Mov.	TENTATIVAS					Mov.	TENTATIVAS					Mov.	TENTATIVAS				
		1	2	3	4			1	2	3	4			1	2	3	4			1	2	3	4
	A						A						A						A				
	B						B						B						B				
	C						C						C						C				

A – SEM AJUDA
B – COM AJUDA
C – NÃO FEZ

FIGURA 58 – PROTOCOLOS ABC DO PROGRAMA IMITAR SEQUÊNCIA DE MOVIMENTOS

2.6 IMITAR SEQUÊNCIA DE MOVIMENTOS MANUTENÇÃO

Aprendiz:________________________ Educador:________________________

Instrução: "faça isso", "faça assim", "agora é você" ou "agora é a sua vez"	DATAS													
1. Bater na mesa e bater palmas														
2. Dar tchau e mandar beijo														
3. Fazer sim e não com a cabeça														
4. Colocar as mãos na cabeça e bater nos ombros														
5. Esfregar uma mão na outra e cobrir o rosto														
6. Levantar e ficar em um pé só														
7. Marchar e esconder os braços														
8. Colocar as mãos na cintura e mexer a cintura														
9. Colocar chapéu e óculos														
10. Dar água e comida para a boneca														
11. Empurrar um carrinho e guardar em uma caixa														
12. Fazer bolinha e minhoca de massinha														
13. Levantar e agachar ("vivo ou morto")														
14. Sentar no chão e jogar uma bola														
15. Deitar no chão e levantar os braços														
16. Dar uma volta em uma cadeira e sentar														
17. Tocar os joelhos e tocar os pés														
18. Sentar na cadeira e bater os pés no chão														
19. Bater palmas e pular														
20. Levantar e bater na barriga														
TOTAL DE ACERTOS														

FIGURA 59 - PROTOCOLOS DE MANUTENÇÃO DO PROGRAMA IMITAR SEQUÊNCIA DE MOVIMENTOS

HABILIDADES DE LINGUAGEM RECEPTIVA

A área de Habilidades de Linguagem Receptiva é composta pelos seguintes Programas de Ensino: Seguir instruções de um passo (3.1); Seguir instruções de dois passos (3.2); Identificar partes do corpo (3.3); Identificar pessoas familiares (3.4); Identificar objetos (3.5); e Identificar figuras (3.6). A seguir serão apresentados os Programas de Ensino com a definição, descrição dos procedimentos e protocolos.

7.1 DEFINIÇÃO

A área de linguagem receptiva abrange habilidades relacionadas à compreensão da fala de outras pessoas. Para que esse tipo de compreensão aconteça é necessário relacionar aquilo que é ouvido a outros estímulos do ambiente ou a ações. Por exemplo, para atender ao pedido de alguém que diz "me dê a bola" é necessário que a pessoa que escuta a instrução consiga relacionar a palavra falada "bola" ao objeto bola, assim como relacionar a frase "me dê" à ação de entregar algo a alguém que faz o pedido.

Desde muito cedo somos expostos a situações sociais nas quais aprendemos esse tipo de relação. Um bebê que não sabe o que é uma bola (objeto) pode aprender o sentido da palavra bola quando, frente ao objeto bola, a mãe diz: "pegue a bola para a mamãe"; o bebê pega a bola e a mãe diz: "Isso, muito bem, você pegou a bola!". Posteriormente o bebê tende a pegar a bola (e não outro objeto) sempre que a mãe diz "pegue a bola". Quando o bebê passa a pegar exclusivamente a bola quando a mãe diz "pegue a bola", podemos supor que ele aprendeu a relacionar a palavra falada "bola" ao objeto bola.

Crianças com autismo podem apresentar dificuldades em relacionar aquilo que é ouvido a outros estímulos do ambiente ou a ações. Isso dificulta tanto a compreensão da linguagem quanto a interação social. Porém, é possível ensinar a elas habilidades que envolvam esse tipo de relação. O objetivo geral dos programas de ensino dessa área é ensinar comportamentos que vão melhorar a capacidade de fazer relações entre instruções verbais e ações ou outros estímulos do ambiente.

7.2 PROCEDIMENTO

A área de linguagem receptiva é composta por seis programas de ensino, cada um deles com um tipo de habilidade diferente. O procedimento geral de ensino de todos eles é muito parecido; o educador fala a instrução e o aprendiz deve realizar uma ação referente à instrução ditada pelo educador. Aspectos específicos de cada um dos programas serão descritos a seguir:

1) Seguir instruções de um passo (3.1): consiste em ensinar a criança a atender instruções simples, por meio de ações motoras que também são simples, como "sente", "levante", "dê um beijo" ou "dê um abraço".

2) Seguir instruções de dois passos (3.2): consiste em ensinar a criança a atender instruções um pouco mais complexas, por meio de duas ações motoras que devem ser realizadas na sequência, após ouvir frases do tipo "dê um abraço e um beijo" ou "feche a porta e apague a luz". Para realizar esse programa o aprendiz tem que ter terminado o programa 3.1 Seguir instruções de um passo.

3) Identificar partes do corpo (3.3): consiste em ensinar o aprendiz a apontar ou mostrar partes do próprio corpo quando solicitado pelo educador. O educador diz: "cadê a cabeça" e o aprendiz deve indicar onde está a própria cabeça (colocando as mãos na cabeça ou apontando).

4) Identificar pessoas familiares (3.4): consiste em ensinar o aprendiz a selecionar ou a apontar para fotos de familiares quando solicitado pelo educador. Por exemplo, o educador mostra as fotos de mamãe, papai e vovô e diz: "cadê a mamãe?"; o aprendiz deve selecionar ou apontar para a foto da mamãe e não para a foto do papai ou do vovô.

5) Identificar objetos (3.5): consiste em ensinar o aprendiz a selecionar ou a apontar para objetos (de preferência da criança ou que fazem parte do cotidiano dela) quando solicitado pelo educador. Por exemplo, o educador mostra os objetos bola, carro e massinha e diz: "cadê a bola?"; o aprendiz deve selecionar ou apontar para a bola e não para o carro ou para a massinha.

6) dentificar figuras (3.6): consiste em ensinar o aprendiz a selecionar ou a apontar para figuras (de preferência da criança ou que fazem parte do cotidiano dela) quando solicitado pelo educador. Por exemplo, o educador mostra as figuras de cachorro, gato e galinha e diz: "cadê o gato?"; o aprendiz deve selecionar ou apontar para a figura do gato e não para as figuras de cachorro ou galinha.

Alguns aspectos importantes devem ser observados ao ensinar habilidades de linguagem receptiva:

1. Pessoas com autismo compreendem melhor estímulos visuais do que estímulos auditivos[1] e isso torna o ensino de habilidades de linguagem receptiva bastante complexo.

2. As atividades dessa área consistem em o educador falar a instrução e em seguida o aprendiz fazer a ação e não o inverso. Por exemplo: se o educador

---

[1] Peteers, 1998

estiver ensinando uma instrução simples como "levante" e a criança levantar antes do educador falar "levante", isso não indica seguimento de instrução. Comportamentos de linguagem receptiva acontecem quando o educador fala primeiro e a criança faz a ação na sequência. Fique atento!

3. Dois aspectos que influenciam o desempenho (resposta) do aprendiz: a maneira como o educador dá a instrução (antecedentes) e a maneira como o educador se comporta em relação ao desempenho da criança (consequência), em situações de erros ou acertos.

4. Em relação ao antecedente, é importante ressaltar que o ensino de linguagem receptiva é predominantemente verbal; isso significa que o educador deve falar e evitar fazer gestos que podem dar dicas visuais para o aprendiz a respeito de qual ação ele deveria fazer. Muitas vezes tendemos a dar instruções e a fazer gestos simultaneamente. Por exemplo, falamos "dê um abraço" e abrimos os braços ou "senta" e apontamos para a cadeira. Esses gestos simultâneos à fala podem servir como dicas para o aprendiz e ao invés de ele ficar atento à instrução verbal, pode ocorrer de ficar atento ao aspecto visual da atividade e isso não configura uma atividade de linguagem receptiva. Dessa maneira, o educador, ao dar uma instrução, deve apenas falar a instrução sem realizar gestos indicativos. O educador até pode usar gestos indicativos quando a criança não for capaz de atender à instrução, porém isso é considerado um procedimento de ajuda, que deve ser retirado gradativamente. A criança só estará realmente atendendo à instrução quando o educador falar a instrução (sem dicas visuais) e a criança fizer a ação correspondente.

5. Ainda em relação ao antecedente, o educador deve preocupar-se em obter a atenção da criança antes de falar a instrução, pois se ela estiver distraída pode ser que não se atente à fala do educador, aumentando a probabilidade de erros ou de não realização da atividade.

6. A resposta do aprendiz é considerada errada quando o educador diz a instrução e o aprendiz não faz a ação esperada ou faz outra ação não correspondente à instrução do educador. Nessas duas situações o educador pode auxiliar o aprendiz fisicamente ou com dicas visuais. Por exemplo, se a instrução falada for "dê tchau", o educador pode pegar na mão do aprendiz e auxiliar fisicamente na realização da ação ou mostrar para o aprendiz (acenando com a própria mão) como ele deveria fazer. Esses procedimentos de ajuda devem ser retirados gradativamente até que o aprendiz consiga atender às instruções sem ajuda.

7) Quando a criança atende à instrução de maneira correta (independentemente ou com ajudas), o educador deve se preocupar em oferecer consequências que vão deixar a criança motivada e que provavelmente contribuirão para que ela realize a atividade novamente, sempre que for solicitada. O educador pode elogiar, fazer brincadeiras, cantar, oferecer um brinquedo, um objeto ou um alimento que a criança goste muito. Por exemplo, para uma criança que gosta de quebra-cabeça: o educador oferece algumas peças para a criança começar a montar o quebra-cabeça, porém fica com a maioria das peças em seu poder; o educador fala uma instrução tipo "dê tchau"; após o aprendiz fazer a ação correspondente à instrução (com ou sem ajudas), o educador elogia e dá uma peça do quebra-cabeça para a criança (como uma espécie de premiação pela realização correta da atividade) e segue dando mais peças a cada tentativa realizada.

7. 3 ORIENTAÇÕES PARA OS PROGRAMAS

Seguir instruções de um passo (3.1), Seguir instruções de dois passos (3.2) e Identificar partes do corpo (3.3)

7.3.1 PROTOCOLOS

Nesses programas serão utilizados três tipos de protocolos; "Protocolo de Objetivos e Metas" (Figura 16), "Protocolo ABC" (Figura 17) e "Protocolo de Manutenção" (Figura 20). Os protocolos de objetivos e metas auxiliarão na administração do ensino das habilidades de cada um desses programas; os protocolos ABC serão utilizados para o registro das atividades de ensino; e os protocolos de manutenção serão utilizados após a criança aprender todas as habilidades do programa ensinado, com a função de vigiar as habilidades aprendidas para que ela não se esqueça. Utilize pastas de papel (com grampo) para organizar os seus registros: uma pasta para cada programa de ensino.

Os protocolos desses programas são semelhantes; a diferença está nos comportamentos a serem ensinados. Serão ensinados 20 comportamentos nos programas: Seguir instruções de um passo (3.1) e Identificar partes do corpo (3.3); e 15 em Seguir instruções de dois passos (3.2).

Os protocolos de objetivos e metas devem ser colados na contracapa de cada pasta de papel que você utilizará para organizar os seus registros (uma pasta para cada um dos programas), para não perder de vista o que se quer ensinar em curto e em médio prazo. Você deve escolher quatro comportamentos da lista dos protocolos de objetivos e metas (Figuras 60, 63 e 66), de cada um dos programas, para começar a ensiná-los para a criança, pois não será possível ensinar todos os comportamentos ao mesmo tempo. A sugestão é escolher os comportamentos que você avalia que serão mais fáceis para a criança aprender, independentemente da sequência em que aparecem na lista dos protocolos de objetivos e metas (ex.: você pode escolher os comportamentos de número 3, 9, 15 e 17). Você deve marcar um X a lápis na coluna "Ensino", na altura da linha dos comportamentos escolhidos para o ensino. Nas linhas dos outros comportamentos você deve marcar um X na coluna "Não ensinado". Quando a criança aprender um comportamento (o critério de aprendizagem será descrito a seguir), você deve apagar o X que está na coluna "Ensino", na altura da linha do comportamento aprendido, fazer um novo X na coluna "Manutenção" (também na altura da linha do comportamento aprendido) e escolher outro comportamento para o ensino (na linha do comportamento novo, você deve apagar o X da coluna "Não ensinado" e fazer um X em "Ensino"). Todas as vezes que a criança atingir o critério de aprendizagem em um comportamento, você deve selecionar um novo comportamento, fazendo as trocas das marcações em lápis, progressivamente, até o término do programa de ensino. A troca deve ser feita considerando o critério de aprendizagem para cada comportamento individual e não para os quatro comportamentos escolhidos; isso significa que você pode trocar um comportamento por vez e não há a necessidade de aguardar que a criança atinja o critério de aprendizagem para os quatro comportamentos escolhidos. Ao término do programa de ensino, quando todos os X estiverem na coluna "Manutenção", você pode parar de usar esse protocolo, assim como o protocolo ABC, e passará a usar apenas o protocolo de manutenção (Figuras 62, 65 e 68).

Para registrar as atividades de ensino você usará os protocolos ABC (Figuras 61, 64 e 67). Cada retângulo deve ser utilizado para um dia de atividade. Em cada retângulo o educador deve preencher o nome do aprendiz, o nome dele e a data de realização da atividade. Abaixo dos dados de identificação há quatro quadrados nos quais o educador anotará o desempenho do aprendiz por tentativas de ensino. Observe na lista de protocolo de objetivos e metas que cada comportamento tem um número; o educador deve preencher o número dos quatro comportamentos escolhidos para o ensino, conforme descrito na Figura 17. Serão realizadas quatro tentativas de ensino de cada comportamento escolhido.

A Figura 69 apresenta uma sequência de tentativas de ensino de seguir instruções de um passo e o registro no protocolo ABC. A cada tentativa o educador fala a instrução e na sequência o aprendiz deve fazer a ação correspondente à instrução. Se na primeira tentativa a criança fizer a ação sem auxílio do educador, deve-se marcar na primeira coluna (referente à primeira tentativa) um X na altura da linha da letra A, que indica atividade realizada sem ajuda. Se na segunda tentativa a criança não fizer a ação correspondente à instrução e tiver que ser auxiliada pelo educador (qualquer tipo de auxílio), deve-se marcar um X na segunda coluna, na altura da linha da letra B, que indica atividade realizada com ajuda. Se na terceira tentativa a criança não realizar a ação, nem com auxílio do educador, deve-se marcar um X na terceira coluna, na altura da linha da letra C, que indica que a criança não respondeu na atividade. Nas tentativas seguintes deve-se seguir os mesmos critérios: marcações em A para atividade realizada sem ajuda, B para atividade realizada com ajuda e C quando o aprendiz não responder na atividade.

7.3.2 CRITÉRIO DE APRENDIZAGEM

Os programas de ensino descritos são compostos por vários comportamentos. Assim, há o critério de aprendizagem para cada comportamento e o critério de aprendizagem do programa de ensino. Para cada comportamento a referência é o protocolo ABC; para o programa de ensino a referência é o protocolo de objetivos e metas.

Quando o aprendiz obtiver três registros seguidos, no protocolo ABC, com 100% das marcações das tentativas em A, de um determinado comportamento, considera-se que ele aprendeu aquele comportamento; nesse caso, seleciona-se um novo comportamento para o ensino. É importante manter os comportamentos aprendidos, para evitar que a criança aprenda um novo e esqueça os que foram ensinados previamente; utilize o protocolo de manutenção à medida que o aprendiz obtiver critério de aprendizagem nos comportamentos. Coloque esse protocolo preso ao grampo da pasta e após fazer as tentativas dos comportamentos que estão em ensino, faça uma tentativa de cada comportamento que está em manutenção: marque no protocolo V para acertos e X para erros ou ajudas.

Em relação à aprendizagem do programa, quando todos os X estiverem na coluna "Manutenção" do protocolo de objetivos e metas, considera-se que a criança aprendeu o programa de ensino; nesse caso, anota-se no currículo a data de término do programa, encerra-se o uso dos protocolos de objetivos e metas e ABC, e utiliza-se somente o protocolo de manutenção para evitar que a criança perca as habilidades aprendidas.

O protocolo de manutenção deve ser utilizado diariamente por 3 meses; mantendo-se 80% de acertos no último mês, pode-se passar a utilizá-lo uma vez por semana. Após utilizá-lo uma vez por semana por mais 3 meses e mantendo-se 80% de acertos no último mês, pode-se passar para uma vez a cada 15 dias. Seguindo por mais 3 meses fazendo a cada 15 dias com desempenhos altos, pode-se passar para uma vez por mês por mais 3 meses; mantendo-se os acertos nesse período pode-se encerrar o uso desse protocolo.

Além do uso do protocolo de manutenção, o educador deve se preocupar em estimular que a criança atenda a instruções verbais em situações variadas do cotidiano, que sejam diferentes da situação de ensino.

3.1 SEGUIR INSTRUÇÕES DE UM PASSO

Fale a instrução sem usar gestos ou dicas visuais	Situação		
	Não ensinado	Ensino	Manutenção
1. Sente			
2. Levante			
3. Vem aqui			
4. Jogue a bola			
5. Dê tchau			
6. Dê um abraço			
7. Levante os braços (toca aqui)			
8. Bata palmas			
9. Chute a bola			
10. Pule			
11. Dê um beijo			
12. Jogue isso fora ou jogue no lixo			
13. Feche a porta ou abra a porta			
14. Mande beijo			
15. Acenda a luz ou apague a luz			
16. Pegue do chão (sem falar o nome do objeto)			
17. Ligue o som (ou outro eletrônico)			
18. Coloque na mesa			
19. Dá (qualquer objeto que estiver com criança)			
20. Guarde o brinquedo (ou outro objeto)			

FIGURA 60 - PROTOCOLO DE METAS E OBJETIVOS DO PROGRAMA SEGUIR INSTRUÇÕES DE UM PASSO

3.1 SEGUIR INSTRUÇÕES DE UM PASSO

Procedimento: Obtenha a atenção do aprendiz. Fale a instrução sem usar gestos indicativos. Se o aprendiz não fizer o movimento, dê ajudas e elogie quando ele fizer (ou ofereça a ele algo que gosta). Diminua as ajudas gradativamente.

Aprendiz:__________________Educador:_______________Data:____________

Mov.	TENTATIVAS					Mov.	TENTATIVAS					Mov.	TENTATIVAS					Mov.	TENTATIVAS				
		1	2	3	4			1	2	3	4			1	2	3	4			1	2	3	4
	A						A						A						A				
	B						B						B						B				
	C						C						C						C				

Aprendiz:__________________Educador:_______________Data:____________

Mov.	TENTATIVAS					Mov.	TENTATIVAS					Mov.	TENTATIVAS					Mov.	TENTATIVAS				
		1	2	3	4			1	2	3	4			1	2	3	4			1	2	3	4
	A						A						A						A				
	B						B						B						B				
	C						C						C						C				

Aprendiz:__________________Educador:_______________Data:____________

Mov.	TENTATIVAS					Mov.	TENTATIVAS					Mov.	TENTATIVAS					Mov.	TENTATIVAS				
		1	2	3	4			1	2	3	4			1	2	3	4			1	2	3	4
	A						A						A						A				
	B						B						B						B				
	C						C						C						C				

Aprendiz:__________________Educador:_______________Data:____________

Mov.	TENTATIVAS					Mov.	TENTATIVAS					Mov.	TENTATIVAS					Mov.	TENTATIVAS				
		1	2	3	4			1	2	3	4			1	2	3	4			1	2	3	4
	A						A						A						A				
	B						B						B						B				
	C						C						C						C				

Aprendiz:__________________Educador:_______________Data:____________

Mov.	TENTATIVAS					Mov.	TENTATIVAS					Mov.	TENTATIVAS					Mov.	TENTATIVAS				
		1	2	3	4			1	2	3	4			1	2	3	4			1	2	3	4
	A						A						A						A				
	B						B						B						B				
	C						C						C						C				

Aprendiz:__________________Educador:_______________Data:____________

Mov.	TENTATIVAS					Mov.	TENTATIVAS					Mov.	TENTATIVAS					Mov.	TENTATIVAS				
		1	2	3	4			1	2	3	4			1	2	3	4			1	2	3	4
	A						A						A						A				
	B						B						B						B				
	C						C						C						C				

A – SEM AJUDA
B – COM AJUDA
C – NÃO FEZ

FIGURA 61 - PROTOCOLO ABC DO PROGRAMA SEGUIR INSTRUÇÕES DE UM PASSO

3.1 SEGUIR INSTRUÇÕES DE UM PASSO MANUTENÇÃO

Aprendiz:______________________ Educador:______________________

Fale a instrução sem usar gestos ou dicas visuais	**DATAS**													
1. Sente														
2. Levante														
3. Vem aqui														
4. Jogue a bola														
5. Dê tchau														
6. Dê um abraço														
7. Levante os braços (toca aqui)														
8. Bata palmas														
9. Chute a bola														
10. Pule														
11. Dê um beijo														
12. Jogue isso fora ou jogue no lixo														
13. Feche a porta ou abra a porta														
14. Mande beijo														
15. Acenda a luz ou apague a luz														
16. Pegue do chão (sem falar o nome do objeto)														
17. Ligue o som (ou outro eletrônico)														
18. Coloque na mesa														
19. Dá (qualquer objeto que estiver com criança)														
20. Guarde o brinquedo (ou outro objeto)														
TOTAL DE ACERTOS														

FIGURA 62 - PROTOCOLO DE MANUTENÇÃO DO PROGRAMA SEGUIR INSTRUÇÕES DE UM PASSO

3.2 SEGUIR INSTRUÇÕES DE DOIS PASSOS

Fale a instrução sem usar gestos ou dicas visuais	Situação		
	Não ensinado	Ensino	Manutenção
1. Feche a porta e apague a luz			
2. Dê um abraço e um beijo			
3. Bata palmas e dê tchau			
4. Levante e pule			
5. Pegue o papel e jogue fora			
6. Dê tchau e mande um beijo			
7. Feche a porta e ligue a TV			
8. Pegue todos e jogue fora			
9. Levante e guarde na prateleira			
10. Levante os braços e bata palmas			
11. Levante e bata os pés no chão			
12. Dê um abraço e dê tchau			
13. Levante e sente			
14. Levante a bata palmas			
15. Sente e bata os pés			

FIGURA 63 - PROTOCOLO DE OBJETIVOS E METAS DO PROGRAMA SEGUIR INSTRUÇÕES DE DOIS PASSOS

3.2 SEGUIR INSTRUÇÕES DE DOIS PASSOS

Procedimento: Obtenha a atenção do aprendiz. Fale a instrução sem usar gestos indicativos. Se o aprendiz não fizer o movimento, dê ajudas e elogie quando ele fizer (ou ofereça a ele algo que gosta). Diminua as ajudas gradativamente.

Aprendiz:____________________ Educador:________________ Data:______________

Mov.	TENTATIVAS					Mov.	TENTATIVAS					Mov.	TENTATIVAS					Mov.	TENTATIVAS				
		1	2	3	4			1	2	3	4			1	2	3	4			1	2	3	4
	A						A						A						A				
	B						B						B						B				
	C						C						C						C				

Aprendiz:____________________ Educador:________________ Data:______________

Mov.	TENTATIVAS					Mov.	TENTATIVAS					Mov.	TENTATIVAS					Mov.	TENTATIVAS				
		1	2	3	4			1	2	3	4			1	2	3	4			1	2	3	4
	A						A						A						A				
	B						B						B						B				
	C						C						C						C				

Aprendiz:____________________ Educador:________________ Data:______________

Mov.	TENTATIVAS					Mov.	TENTATIVAS					Mov.	TENTATIVAS					Mov.	TENTATIVAS				
		1	2	3	4			1	2	3	4			1	2	3	4			1	2	3	4
	A						A						A						A				
	B						B						B						B				
	C						C						C						C				

Aprendiz:____________________ Educador:________________ Data:______________

Mov.	TENTATIVAS					Mov.	TENTATIVAS					Mov.	TENTATIVAS					Mov.	TENTATIVAS				
		1	2	3	4			1	2	3	4			1	2	3	4			1	2	3	4
	A						A						A						A				
	B						B						B						B				
	C						C						C						C				

Aprendiz:____________________ Educador:________________ Data:______________

Mov.	TENTATIVAS					Mov.	TENTATIVAS					Mov.	TENTATIVAS					Mov.	TENTATIVAS				
		1	2	3	4			1	2	3	4			1	2	3	4			1	2	3	4
	A						A						A						A				
	B						B						B						B				
	C						C						C						C				

Aprendiz:____________________ Educador:________________ Data:______________

Mov.	TENTATIVAS					Mov.	TENTATIVAS					Mov.	TENTATIVAS					Mov.	TENTATIVAS				
		1	2	3	4			1	2	3	4			1	2	3	4			1	2	3	4
	A						A						A						A				
	B						B						B						B				
	C						C						C						C				

A – SEM AJUDA
B – COM AJUDA
C – NÃO FEZ

FIGURA 64 - PROTOCOLO ABC DO PROGRAMA SEGUIR INSTRUÇÕES DE DOIS PASSOS

3.2 SEGUIR INSTRUÇÕES DE DOIS PASSOS MANUTENÇÃO

Aprendiz:____________________ Educador:____________________

<u>Fale</u> a instrução sem usar gestos ou dicas visuais	**DATAS**													
1. Feche a porta e apague a luz														
2. Dê um abraço e um beijo														
3. Bata palmas e dê tchau														
4. Levante e pule														
5. Pegue o papel e jogue fora														
6. Dê tchau e mande um beijo														
7. Feche a porta e ligue a TV														
8. Pegue todos e jogue fora														
9. Levante e guarde na prateleira														
10. Levante os braços e bata palmas														
11. Levante e bata os pés no chão														
12. Dê um abraço e dê tchau														
13. Levante e sente														
14. Levante a bata palmas														
15. Sente e bata os pés														
TOTAL DE ACERTOS														

FIGURA 65 - PROTOCOLO DE MANUTENÇÃO DO PROGRAMA SEGUIR INSTRUÇÕES DE DOIS PASSOS

3.3 IDENTIFICAR PARTES DO CORPO

<u>Fale</u> a parte do corpo sem usar gestos ou dicas visuais	**Situação**		
	Não ensinado	**Ensino**	**Manutenção**
1. Cabeça			
2. Pé			
3. Barriga			
4. Nariz			
5. Boca			
6. Pernas			
7. Olhos			
8. Orelhas			
9. Cabelo			
10. Pescoço			
11. Ombros			
12. Braço			
13. Dedos			
14. Mão			
15. Rosto			
16. Cotovelo			
17. Joelho			
18. Unhas			
19. Língua			
20. Dentes			

FIGURA 66 - PROTOCOLO DE OBJETIVOS E METAS DO PROGRAMA IDENTIFICAR PARTES DO CORPO

3.3 IDENTIFICAR PARTES DO CORPO

Procedimento: Obtenha a atenção do aprendiz. Fale a instrução sem usar gestos indicativos. Se o aprendiz não indicar a parte do corpo, dê ajudas e elogie quando ele fizer (ou ofereça a ele algo que gosta). Diminua as ajudas gradativamente.

Aprendiz:____________________Educador:________________Data:_______________

Mov.	TENTATIVAS					Mov.	TENTATIVAS					Mov.	TENTATIVAS					Mov.	TENTATIVAS				
		1	2	3	4			1	2	3	4			1	2	3	4			1	2	3	4
	A						A						A						A				
	B						B						B						B				
	C						C						C						C				

Aprendiz:____________________Educador:________________Data:_______________

Mov.	TENTATIVAS					Mov.	TENTATIVAS					Mov.	TENTATIVAS					Mov.	TENTATIVAS				
		1	2	3	4			1	2	3	4			1	2	3	4			1	2	3	4
	A						A						A						A				
	B						B						B						B				
	C						C						C						C				

Aprendiz:____________________Educador:________________Data:_______________

Mov.	TENTATIVAS					Mov.	TENTATIVAS					Mov.	TENTATIVAS					Mov.	TENTATIVAS				
		1	2	3	4			1	2	3	4			1	2	3	4			1	2	3	4
	A						A						A						A				
	B						B						B						B				
	C						C						C						C				

Aprendiz:____________________Educador:________________Data:_______________

Mov.	TENTATIVAS					Mov.	TENTATIVAS					Mov.	TENTATIVAS					Mov.	TENTATIVAS				
		1	2	3	4			1	2	3	4			1	2	3	4			1	2	3	4
	A						A						A						A				
	B						B						B						B				
	C						C						C						C				

Aprendiz:____________________Educador:________________Data:_______________

Mov.	TENTATIVAS					Mov.	TENTATIVAS					Mov.	TENTATIVAS					Mov.	TENTATIVAS				
		1	2	3	4			1	2	3	4			1	2	3	4			1	2	3	4
	A						A						A						A				
	B						B						B						B				
	C						C						C						C				

Aprendiz:____________________Educador:________________Data:_______________

Mov.	TENTATIVAS					Mov.	TENTATIVAS					Mov.	TENTATIVAS					Mov.	TENTATIVAS				
		1	2	3	4			1	2	3	4			1	2	3	4			1	2	3	4
	A						A						A						A				
	B						B						B						B				
	C						C						C						C				

A – SEM AJUDA
B – COM AJUDA
C – NÃO FEZ

FIGURA 67 - PROTOCOLO ABC DO PROGRAMA IDENTIFICAR PARTES DO CORPO

3.3 IDENTIFICAR PARTES DO CORPO MANUTENÇÃO

Aprendiz:____________________________ Educador:____________________________

Fale a parte do corpo sem usar gestos ou dicas visuais	**DATAS**													
1. Cabeça														
2. Pés														
3. Barriga														
4. Nariz														
5. Boca														
6. Pernas														
7. Olhos														
8. Orelhas														
9. Cabelo														
10. Pescoço														
11. Ombros														
12. Braço														
13. Dedos														
14. Mão														
15. Rosto														
16. Cotovelo														
17. Joelho														
18. Unhas														
19. Língua														
20. Dentes														
TOTAL DE ACERTOS														

FIGURA 68 - PROTOCOLO DE MANUTENÇÃO DO PROGRAMA IDENTIFICAR PARTES DO CORPO

FIGURA 69 - ENSINO E REGISTRO DE ATENDIMENTO DE INSTRUÇÃO
1-Tentativa sem auxílio; 2-Tentativa com auxílio; 3-Não realização da tentativa

7.4 ORIENTAÇÕES PARA OS PROGRAMAS

Identificar pessoas familiares (3.4), Identificar objetos (3.5) e Identificar figuras (3.6)

7.4.1 PROTOCOLOS, PROCEDIMENTOS E CRITÉRIOS DE APRENDIZAGEM

Esses programas têm como requisito a inserção prévia (não precisa ter finalizado os programas, apenas iniciado) do programa "Identificar partes do corpo (3.3)". Serão empregados os "Protocolos Certo/Errado (Figura 18)" e os "Protocolos de Manutenção" (Figura 20). Os protocolos certo/errado serão utilizados para o registro das atividades de ensino e os protocolos de manutenção serão utilizados para acompanhar o desempenho da criança em itens que ela já aprendeu. Utilize pastas de papel (com grampo) para organizar os seus registros: uma pasta para cada programa de ensino.

Os protocolos certo/errado serão utilizados para o registro das atividades de ensino (Figuras 70, 71 e 72). Observe nesses protocolos que abaixo do título há a descrição dos procedimentos de ensino. Nesses três programas o educador pode utilizar uma mesa para realizar as atividades, porém isso não é obrigatório (é possível fazer a atividade estando sentado no chão ou durante uma brincadeira). Observe também que abaixo da descrição do procedimento há a discriminação de três fases de ensino (o educador deve marcar um X na fase correspondente à que está sendo ensinada) que serão apresentadas a seguir (Figura 72):

1."Resposta de entregar": antes do ensino para identificar pessoas, objetos e figuras, é necessário ensinar ao aprendiz a maneira correta de responder a esse tipo de atividade. Nesse caso, o educador vai apresentar um único estímulo (ex.: a foto de mamãe) e perguntar à criança "cadê a mamãe?" ou "me dá a mamãe". Quando a criança não conseguir entregar ou apontar para a figura, o educador auxilia fisicamente, avaliando qual das respostas é mais fácil para o aprendiz (apontar ou pegar). O educador deve diminuir as ajudas gradativamente até que o aprendiz consiga selecionar o estímulo solicitado sem auxílio. Quando a criança selecionar o estímulo por três dias de registros seguidos, sem auxílio, após a solicitação do educador, é possível passar para a etapa seguinte.

2. "Identificação com dois estímulos": o educador acrescenta um estímulo novo (mantenha o estímulo anterior) e passa a apresentar dois estímulos simultaneamente (ex.: a foto de mamãe e de papai) e ora ele solicita um estímulo, ora o outro, em uma sequência aleatória, para que o aprendiz não consiga prever o que vai ser pedido. Quando a criança conseguir selecionar os estímulos de maneira correta, sem o auxílio do educador, por três dias consecutivos de registro, é possível passar para a etapa seguinte.

3."Identificação com três estímulos ou mais": consiste no aumento da complexidade da atividade. Nesse ponto a criança já compreende bem a execução da atividade e a função agora é aumentar os itens que a criança consegue identificar, mantendo os estímulos aprendidos anteriormente. Assim, gradativamente o educador vai acrescentando estímulos novos, sempre seguindo o critério de três registros consecutivos em 100% para a inserção do estímulo novo.

Ainda em relação aos protocolos, o educador deve preencher os dados da criança, os dados dele e a data da atividade. Cada retângulo deve ser utilizado para um dia de atividade. O retângulo é composto por três linhas e 11 colunas; a primeira coluna já está escrita (fotos/objetos/figuras, tentativas e acertos) e as demais estão em branco para preenchimento do educador (exceto pelos números 1 e 2, referentes ao número de tentativas que serão realizadas). Na primeira linha, o educador deve preencher o nome dos estímulos que estão sendo utilizados na atividade (fotos, objetos ou figuras; um nome para cada coluna). A segunda linha indica que para cada estímulo serão realizadas duas tentativas, ou seja, o educador vai solicitar cada um dos estímulos por duas vezes. Na terceira linha, o educador vai escrever V para acertos da criança e X para erros ou respostas com ajuda. As respostas são consideradas corretas quando o educador fala a instrução e o aprendiz seleciona o estímulo correspondente, sem auxílio ou dicas do educador.

Na primeira fase, o educador vai preencher, na primeira coluna em branco, qual estímulo está sendo utilizado e deixará as outras colunas em branco. Na segunda fase, o educador vai preencher na primeira e na segunda coluna quais estímulos estão sendo utilizados e deixará as outras colunas em branco. Na terceira fase, inicialmente o educador vai preencher na primeira, na segunda e na terceira coluna quais estímulos estão sendo utilizados e deixará as outras colunas em branco. Porém, à medida que a criança for aprendendo a identificar um estímulo que está sendo ensinado (três registros consecutivos em 100% com todos os estímulos), um novo estímulo poderá ser acrescentado e novas colunas serão preenchidas; isso significa que inicialmente, nessa fase, a atividade terá três estímulos sobre a mesa e gradativamente a quantidade de estímulos vai aumentar, até o máximo de 10 estímulos (cada estímulo será solicitado em duas tentativas).

Quando o aprendiz tiver 10 estímulos no protocolo certo/errado, ou seja, não há mais espaço para acrescentar novos estímulos, o educador deve começar a utilizar o protocolo de manutenção (Figuras 74, 75 e 76); preencha no protocolo de manutenção todos os itens que o aprendiz conseguir acertar por três dias consecutivos e substitua por itens novos no protocolo certo/errado. Dessa maneira, o protocolo de manutenção será utilizado simultaneamente ao protocolo certo/errado.

Não há um critério exato para encerrar esses programas de ensino. A sugestão, para encerrar o programa de identificação de pessoas familiares (3.4), é verificar se a criança identifica todos os familiares e conhecidos que convivem com ela. Para os programas de identificação de objetos (3.5) e identificação de figuras (3.6), o educador pode avaliar se o aprendiz identifica de 5 a 10 estímulos de cada uma das seguintes categorias: animais, alimentos, vestuário, números, letras, cores, formas, brinquedos, objetos do cotidiano, personagens de desenho animado, mobílias, locais e ações.

O protocolo de manutenção deve ser utilizado diariamente por 3 meses; mantendo-se 80% de acertos no último mês, pode-se passar a utilizá-lo uma vez por semana. Após utilizá-lo uma vez por semana por mais 3 meses e mantendo-se 80% de acertos no último mês, pode-se passar para uma vez a cada 15 dias. Seguindo por mais 3 meses fazendo a cada 15 dias com desempenhos altos, pode-se passar para uma vez por mês por mais 3 meses; mantendo-se os acertos nesse período pode-se encerrar o uso desse protocolo. Além do uso do protocolo de manutenção, o educador deve se preocupar em estimular que a criança a identificar pessoas, figuras e objetos em situações variadas do cotidiano, que sejam diferentes da situação de ensino.

3.4 IDENTIFICAR PESSOAS FAMILIARES

Procedimento: O educador apresenta as fotos e fala para a criança "cadê a/o...?" ou "me dá a/o ....". Quando a criança não conseguir entregar ou apontar para a foto correta, o educador deve auxiliar fisicamente. Quando a criança acertar elogie ou oferecer a ela algo que gosta. Diminua as ajudas gradativamente. A resposta de entregar pode ser substituída pela de apontar.

Fases: 1.( ) resposta de entregar; 2.( ) identificação com duas fotos; 3.( ) identificação com três fotos ou mais

Aprendiz:________________ Educador:____________ Data:__________

Fotos																		
Tentativas	1	2	1	2	1	2	1	2	1	2	1	2	1	2	1	2	1	2
Acertos																		

Acertos:__________

Aprendiz:________________ Educador:____________ Data:__________

Fotos																		
Tentativas	1	2	1	2	1	2	1	2	1	2	1	2	1	2	1	2	1	2
Acertos																		

Acertos:__________

Aprendiz:________________ Educador:____________ Data:__________

Fotos																		
Tentativas	1	2	1	2	1	2	1	2	1	2	1	2	1	2	1	2	1	2
Acertos																		

Acertos:__________

Aprendiz:________________ Educador:____________ Data:__________

Fotos																		
Tentativas	1	2	1	2	1	2	1	2	1	2	1	2	1	2	1	2	1	2
Acertos																		

Acertos:__________

Aprendiz:________________ Educador:____________ Data:__________

Fotos																		
Tentativas	1	2	1	2	1	2	1	2	1	2	1	2	1	2	1	2	1	2
Acertos																		

Acertos:__________

Aprendiz:________________ Educador:____________ Data:__________

Fotos																		
Tentativas	1	2	1	2	1	2	1	2	1	2	1	2	1	2	1	2	1	2
Acertos																		

Acertos:__________

Aprendiz:________________ Educador:____________ Data:__________

Fotos																		
Tentativas	1	2	1	2	1	2	1	2	1	2	1	2	1	2	1	2	1	2
Acertos																		

Acertos:__________

V - ACERTOU	**X -ACERTOU COM AJUDA OU ERROU**

FIGURA 70 - PROTOCOLO CERTO/ERRADO DO PROGRAMA IDENTIFICAR PESSOAS FAMILIARES

3.5 IDENTIFICAR OBJETOS

Procedimento: Coloque os objetos que serão utilizados na atividade sobre a mesa (ou em outro lugar que for realizar a atividade). Apresente a instrução: "ME DÁ A/O" ou "CADÊ A/O" e espere o aprendiz pegar o objeto e te entregar. Se o aprendiz pegar o objeto correto você deve elogiar ou oferecer a ele algo que gosta. Se o aprendiz errar, diga "não", volte com o objeto selecionado para a posição inicial e repita a instrução "me dá a/o" ou "cadê a/o". Caso ele erre novamente, dê ajuda física para o aprendiz acertar, elogiando-o em seguida. Se o aprendiz não pegar nenhum objeto dê ajuda física. Mude a posição dos objetos de uma tentativa para outra e diminua as ajudas gradativamente. A resposta de entregar pode ser substituída pela de apontar

Fases: 1.( ) resposta de entregar; 2.( ) identificação com dois objetos; 3.( ) identificação com três objetos ou mais

Aprendiz:______________ Educador:______________ Data:______________

Objetos																				
Tentativas	1	2	1	2	1	2	1	2	1	2	1	2	1	2	1	2	1	2	1	2
Acertos																				

Acertos:______________

Aprendiz:______________ Educador:______________ Data:______________

Objetos																				
Tentativas	1	2	1	2	1	2	1	2	1	2	1	2	1	2	1	2	1	2	1	2
Acertos																				

Acertos:______________

Aprendiz:______________ Educador:______________ Data:______________

Objetos																				
Tentativas	1	2	1	2	1	2	1	2	1	2	1	2	1	2	1	2	1	2	1	2
Acertos																				

Acertos:______________

Aprendiz:______________ Educador:______________ Data:______________

Objetos																				
Tentativas	1	2	1	2	1	2	1	2	1	2	1	2	1	2	1	2	1	2	1	2
Acertos																				

Acertos:______________

Aprendiz:______________ Educador:______________ Data:______________

Objetos																				
Tentativas	1	2	1	2	1	2	1	2	1	2	1	2	1	2	1	2	1	2	1	2
Acertos																				

Acertos:______________

Aprendiz:______________ Educador:______________ Data:______________

Objetos																				
Tentativas	1	2	1	2	1	2	1	2	1	2	1	2	1	2	1	2	1	2	1	2
Acertos																				

Acertos:______________

V - ACERTOU	X - ACERTOU COM AJUDA OU ERROU

FIGURA 71 - PROTOCOLO CERTO/ERRADO DO PROGRAMA IDENTIFICAR OBJETOS

3.6 IDENTIFICAR FIGURAS

Procedimento: O educador apresenta as figuras e fala para a criança "cadê a/o...?" ou "me dá a/o ....". Quando a criança não conseguir entregar ou apontar para a figura correta, o educador deve auxiliar fisicamente. Quando a criança acertar elogie ou oferecer a ela algo que gosta. Diminua as ajudas gradativamente. A resposta de entregar pode ser substituída pela de apontar.

Fases: 1.( ) resposta de entregar; 2.( ) identificação com dois estímulos; 3.( ) identificação com três estímulos ou mais

Aprendiz:__________ Educador:__________ Data:__________

Figuras																				
Tentativas	1	2	1	2	1	2	1	2	1	2	1	2	1	2	1	2	1	2	1	2
Acertos																				

Acertos:__________

Aprendiz:__________ Educador:__________ Data:__________

Figuras																				
Tentativas	1	2	1	2	1	2	1	2	1	2	1	2	1	2	1	2	1	2	1	2
Acertos																				

Acertos:__________

Aprendiz:__________ Educador:__________ Data:__________

Figuras																				
Tentativas	1	2	1	2	1	2	1	2	1	2	1	2	1	2	1	2	1	2	1	2
Acertos																				

Acertos:__________

Aprendiz:__________ Educador:__________ Data:__________

Figuras																				
Tentativas	1	2	1	2	1	2	1	2	1	2	1	2	1	2	1	2	1	2	1	2
Acertos																				

Acertos:__________

Aprendiz:__________ Educador:__________ Data:__________

Figuras																				
Tentativas	1	2	1	2	1	2	1	2	1	2	1	2	1	2	1	2	1	2	1	2
Acertos																				

Acertos:__________

Aprendiz:__________ Educador:__________ Data:__________

Figuras																				
Tentativas	1	2	1	2	1	2	1	2	1	2	1	2	1	2	1	2	1	2	1	2
Acertos																				

Acertos:__________

Aprendiz:__________ Educador:__________ Data:__________

Figuras																				
Tentativas	1	2	1	2	1	2	1	2	1	2	1	2	1	2	1	2	1	2	1	2
Acertos																				

Acertos:__________

V - ACERTOU	**X -ACERTOU COM AJUDA OU ERROU**

FIGURA 72 - PROTOCOLO CERTO/ERRADO DO PROGRAMA IDENTIFICAR FIGURAS

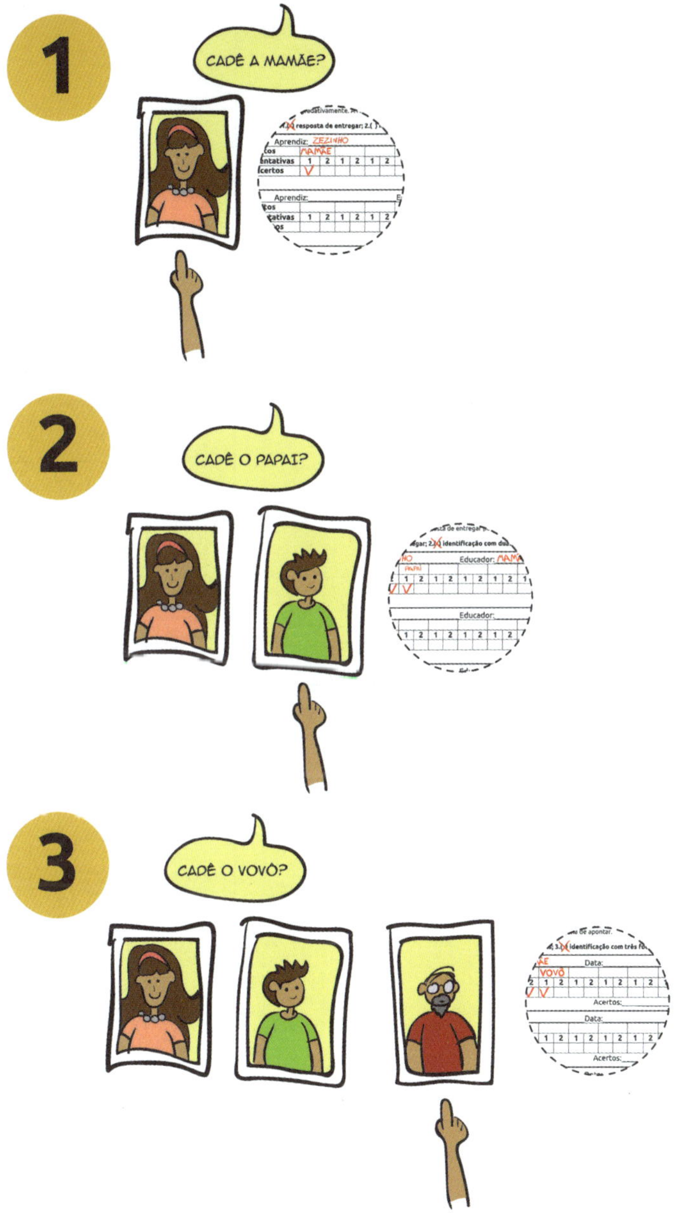

FIGURA 73 – ENSINO E REGISTRO DE IDENTIFICAÇÃO DE OBJETOS

1- Resposta de entregar; 2- Identificação com dois estímulos; 3- Identificação com três estímulos

3.4 IDENTIFICAR PESSOAS FAMILIARES MANUTENÇÃO

Aprendiz:______________________________ Educador:______________________________

FOTOS	DATAS													
1.														
2.														
3.														
4.														
5.														
6.														
7.														
8.														
9.														
10.														
11.														
12.														
13.														
14.														
15.														
16.														
17.														
18.														
19.														
20.														
TOTAL DE ACERTOS														

FIGURA 74 - PROTOCOLO DE MANUTENÇÃO DO PROGRAMA IDENTIFICAR PESSOAS FAMILIARES

3.5 IDENTIFICAR OBJETOS MANUTENÇÃO

Aprendiz:______________________________ Educador:______________________________

OBJETOS	DATAS													
1.														
2.														
3.														
4.														
5.														
6.														
7.														
8.														
9.														
10.														
11.														
12.														
13.														
14.														
15.														
16.														
17.														
18.														
19.														
20.														
TOTAL DE ACERTOS														

FIGURA 75 - PROTOCOLO DE MANUTENÇÃO DO PROGRAMA IDENTIFICAR OBJETOS

3.6 IDENTIFICAR FIGURAS MANUTENÇÃO

Aprendiz:______________________________ Educador:______________________________

FIGURAS	DATAS																			
1.																				
2.																				
3.																				
4.																				
5.																				
6.																				
7.																				
8.																				
9.																				
10.																				
11.																				
12.																				
13.																				
14.																				
15.																				
16.																				
17.																				
18.																				
19.																				
20.																				
TOTAL DE ACERTOS																				

FIGURA 76 – PROTOCOLO DE MANUTENÇÃO DO PROGRAMA IDENTIFICAR FIGURAS

HABILIDADES DE LINGUAGEM EXPRESSIVA

A área de Habilidades de Linguagem Expressiva é composta pelos seguintes Programas de Ensino: Apontar em direção a itens desejados (4.1); Produzir sons com função comunicativa (4.2); Imitar sons (4.3); Aumentar os pedidos vocais (4.4); Nomear pessoas familiares (4.5); Nomear objetos (4.6); e Nomear figuras (4.7). A seguir serão apresentados os Programas de Ensino com a definição/descrição dos procedimentos e protocolos.

8.1 DEFINIÇÃO

A área de linguagem expressiva abrange habilidades relacionadas a fazer pedidos, comentários, recusas, oferecer e buscar informações, expressar emoções, desejos, cumprimentar pessoas e narrar acontecimentos. Pessoas com autismo podem apresentar dificuldades importantes relacionadas a essas habilidades; uma criança com autismo pode não falar e não conseguir usar gestos para se comunicar ou pode falar, mas não conseguir usar a fala com função comunicativa.

As habilidades dessa área são bastante complexas e variadas e este manual não abordará todas elas. Nosso foco com este capítulo é ensinar habilidades básicas e iniciais de linguagem expressiva. Vão se beneficiar desse instrumento crianças com autismo que não falam ou que falam pouco; crianças com autismo que falam bem e que precisam melhorar a qualidade da fala (ex.: aprender a estruturar frases, a responder perguntas ou a narrar acontecimentos) não serão beneficiadas por esse material.

É importante ressaltar que os programas de ensino a serem descritos, por mais que possam auxiliar crianças não falantes ou pouco falantes na aprendizagem de habilidades iniciais de linguagem expressiva, não dispensam o acompanhamento sistemático de um profissional habilitado em fonoaudiologia.

8.2 APONTAR EM DIREÇÃO A ITENS DESEJADOS (4.1)

Apontar para itens desejados é uma maneira simples de se fazer pedidos. O gesto de mostrar por meio do dedo indicador é bem reconhecido socialmente, o que facilita a comunicação, mesmo na ausência da fala. Crianças com autismo podem apresentar dificuldades em apontar para itens desejados, porém essa habilidade pode ser ensinada. O objetivo desse programa é ensinar a apontar para itens desejados (alimentos, brinquedos e demais objetos), com a função de fazer pedidos.

Nesse programa será empregado um "Protocolo ABC" (Figura 17) para o registro das atividades de ensino (Figura 77). Utilize uma pasta de papel (com grampo) para organizar os seus registros. No protocolo desse programa de ensino, abaixo do título, há a descrição dos procedimentos de ensino e abaixo da descrição desses procedimentos há a discriminação de três fases de ensino (o educador deve marcar um X na fase correspondente à que está sendo ensinada) que serão apresentadas a seguir:

1. "Apontar encostando o dedo no item": consiste em ensinar a criança a apontar para o item desejado, encostando o indicador no item escolhido. O educador coloca sobre a mesa um item de grande interesse da criança e outro que ela não demonstre interesse; o educador pergunta "o que você quer?"; quando a criança tentar pegar o item, o educador a ajuda fisicamente a apontar, encostando o dedo indicador no item escolhido; após a criança encostar no item, o educador o entrega para a criança e a elogia. O educador deve ficar atento para diminuir gradativamente as ajudas dadas à criança. Quando a criança for capaz de apontar sem o auxílio físico do educador, por três dias consecutivos, ela estará pronta para começar a Fase 2.

2. "Apontar à distância": consiste em ensinar a criança a apontar para o item desejado, sem encostar o indicador no item escolhido. O educador coloca sobre a mesa um item de grande interesse da criança e outro item que ela não demonstre interesse; o educador pergunta "o que você quer?"; como a criança já consegue apontar encostando no item, o educador deve começar a afastar os itens da criança para que ela consiga apontar sem ter que encostar neles; se a criança tentar encostar, o educador pode ajudar fisicamente, impedindo que a criança encoste no item; após a criança apontar na direção do item preferido, sem encostar nele, o educador entrega o item para a criança e a elogia. O educador deve ficar atendo para diminuir gradativamente as suas ajudas. Quando a criança for capaz de apontar sem encostar no item, por três dias consecutivos, ela está pronta para começar a Fase 3.

3. "Apontar espontâneo": consiste em ensinar a criança a apontar para o item desejado, sem encostar o indicador no item escolhido e sem que o educador pergunte "o que você quer?". O educador coloca sobre a mesa um item de grande interesse da criança e outro item que ela não demonstre interesse; o educador aguarda sem perguntar nada; a criança deve apontar para o item desejado sem encostar nele; se a criança não mostrar iniciativa para apontar espontaneamente, o educador pode perguntar "o que você quer?", porém trata-se de um procedimento de ajuda que deve ser retirado gradativamente. Quando a criança for capaz de apontar sem encostar no item e sem a necessidade de perguntas do educador, finaliza-se o programa de ensino.

Nesse programa não há protocolo de manutenção, pois se trata de uma habilidade relativamente simples de ser ensinada e de ser mantida. O educador deve se preocupar em criar oportunidades nas quais a criança tem que apontar para obter os itens desejados. Adivinhar o que a criança deseja (oferecer um item sem que ela tenha inciativa de pedir) é o principal empecilho para a manutenção e para a generalização da habilidade aprendida. Dessa maneira, preocupe-se em deixar os itens de interesse da criança em locais nos quais ela poderá visualizá-los, porém não poderá pegá-los sem a mediação de um adulto; nessa situação você pode solicitar que ela aponte para o item desejado, auxiliando na manutenção e na generalização da habilidade aprendida.

O protocolo ABC desse programa oferece a possibilidade de registro de até 20 tentativas de ensino, porém o educador não precisa necessariamente fazer as 20 tentativas. Por trata-se de uma atividade na qual a criança deve pedir algo que gosta muito, quem dita o ritmo da atividade é o aprendiz. Muitos aspectos podem influenciar na "vontade" da criança em pedir alguma coisa; em um dia a criança pode estar muito animada e pedir um objeto por 20 vezes, porém em outro pode estar menos empolgada e pedir por 3 vezes. Como o objetivo final é que a criança peça espontaneamente, há a necessidade de que a criança tenha a iniciativa para fazer o pedido. A função do educador é arranjar condições que favoreçam com que os pedidos aconteçam, mas nunca forçar a escolha da criança. Dessa maneira, você pode encerrar a atividade a qualquer momento, quando perceber que a criança não está mais interessada no item apresentado. Uma estratégia para prolongar a atividade é usar mais de um item de interesse, pois se a criança se cansar de um o educador pode apresentar outro.

Outro aspecto fundamental para o bom desenvolvimento dessa atividade é só oferecer o item escolhido durante o período da atividade e não em outros momentos do dia. Por exemplo, se a criança adora pipoca e você escolheu utilizar esse alimento para fazer atividade de apontar: se a criança só tiver acesso à pipoca durante a atividade, ela provavelmente estará mais motivada e pedirá mais vezes, porém se ela tiver acesso à pipoca em outras oportunidades do dia, provavelmente não se sentirá animada durante atividade e não se empenhará para fazer o pedido.

Mais um ponto importante dessa atividade é que o educador deve utilizar itens diferentes e não o mesmo item todos os dias. O uso do mesmo item pode ensinar ao aprendiz que o apontar só pode ser utilizado para aquele item e não para qualquer item. O uso de itens variados ajuda a criança a generalizar o comportamento de apontar.

A Figura 78 apresenta exemplos de tentativas de ensino do programa de apontar e o registro no protocolo ABC: marcações em A para tentativa realizada sem ajuda, B para tentativa realizada com ajuda e C quando o aprendiz não responde na atividade.

4.1 APONTAR EM DIREÇÃO A ITENS DESEJADOS

Procedimento: Fase 1: apresente dois itens, um preferido e outro não preferido. Pergunte "qual você quer?" ou "o que você quer?". Quando o aprendiz tentar pegar o objeto o educador auxilia fisicamente para que ele aponte encostando o dedo indicador no objeto selecionado. Retire as ajudas gradativamente. Fase 2: disponha os itens distante da criança, pergunte "qual você quer?" ou "o que você quer?"; o aprendiz deve apontar sem encostar no objeto selecionado. Se a criança tentar encostar no objeto o educador deve auxiliar para que isso não aconteça. Retire as ajudas gradativamente. Fase 3: disponha os itens distante da criança, não faça perguntas e aguarde; ele deve apontar para o item selecionado, sem encostar nele. Se for necessários dê ajudas. Retire as ajudas gradativamente.

Fase: 1. ( ) Apontar encostando o dedo no item; 2. ( ) Apontar à distância; 3. ( ) Apontar espontâneo

Aprendiz:________________Educador:________________Data:________________

ITENS		1	2	3	4	5	6	7	8	9	10	11	12	13	14	15	16	17	18	19	20	Total
	A																					
	B																					
	C																					

Aprendiz:________________Educador:________________Data:________________

ITENS		1	2	3	4	5	6	7	8	9	10	11	12	13	14	15	16	17	18	19	20	Total
	A																					
	B																					
	C																					

Aprendiz:________________Educador:________________Data:________________

ITENS		1	2	3	4	5	6	7	8	9	10	11	12	13	14	15	16	17	18	19	20	Total
	A																					
	B																					
	C																					

Aprendiz:________________Educador:________________Data:________________

ITENS		1	2	3	4	5	6	7	8	9	10	11	12	13	14	15	16	17	18	19	20	Total
	A																					
	B																					
	C																					

Aprendiz:________________Educador:________________Data:________________

ITENS		1	2	3	4	5	6	7	8	9	10	11	12	13	14	15	16	17	18	19	20	Total
	A																					
	B																					
	C																					

Aprendiz:________________Educador:________________Data:________________

ITENS		1	2	3	4	5	6	7	8	9	10	11	12	13	14	15	16	17	18	19	20	Total
	A																					
	B																					
	C																					

A – SEM AJUDA
B – COM AJUDA
C – NÃO FEZ

FIGURA 77- PROTOCOLO ABC DO PROGRAMA APONTAR

FIGURA 78 - ENSINO E REGISTRO DO PROGRAMA APONTAR

1- Apontar encostando o dedo no item;
2- Apontar à distância;
3- Apontar espontâneo

8.3 PRODUZIR SONS COM FUNÇÃO COMUNICATIVA (4.2)

Falar com função comunicativa é fundamental para o desenvolvimento da linguagem e da interação social. Um dos requisitos importantes para o aparecimento da fala é a produção de sons vocais. Sem esse tipo de produção é pouco provável que alguém aprenda a falar palavras.

Além da produção de sons vocais, a fala com função comunicativa também requer o entendimento básico de que quando falamos podemos ter acesso a itens desejados. Percebemos esse efeito da fala quando dizemos alguma palavra e somos atendidos, recebendo aquilo que pedimos (ex.: após falar "bala" a criança recebe uma bala).

Muitas crianças com autismo podem produzir poucos sons, não produzir sons ou produzir sons sem perceber a relação entre essa produção e o acesso a itens desejados. Nesse contexto, o objetivo desse programa é ensinar crianças não falantes ou pouco falantes a produzir sons vocais com função comunicativa, mais especificamente ensinar ao aprendiz a produzir sons com a função de fazer pedidos.

8.3.1 PROCEDIMENTO

O procedimento de ensino desse programa é bem simples: aproveite um momento em que a criança está com algum item (alimento, brinquedo ou outros objetos) que goste muito; retire o item dela e aguarde sem falar nada; quando a criança fizer qualquer som (exceto sons de birra), o educador devolve o item e a elogia. Pode acontecer de a criança ficar irritada quando você tirar o item dela, e para evitar que isso ocorra, você pode tentar retirar da maneira mais amena possível, brincando com ela (ex.: você pode dizer "eu vou pegar" em tom de brincadeira e fazer cócegas enquanto tenta pegar o item). A Figura 79 apresenta uma situação de ensino de produção de som: a criança está assistindo a um filme que gosta; a mãe para o filme; a criança produz um som vocal (exceto som de birra); imediatamente a mãe liga o filme, elogia a criança e marca no protocolo de registro.

O melhor momento para fazer essa atividade é quando a criança já está com um item que gosta muito; isso indica que naquele momento aquele item tem um grande valor para a criança e que se você retirá-lo muito provavelmente ela se esforçará para solicitá-lo. No início, quando a criança ainda não compreende a atividade e não entende que o item voltará para ela, pode acontecer de ela ficar muito nervosa, aumentando a probabilidade de fazer sons de birra (choro e gritos) em protesto à retirada do item preferido. Por outro lado, se o educador devolve o item após a criança fazer a birra, há o risco de fortalecimento desse comportamento, pois a criança pode aprender que com a birra terá acesso a itens desejados. Isso é um problema enorme, pois birras são incompatíveis com a fala e se a criança consegue o que quer com birras, não se esforçará em falar. A fala exige um esforço muito maior do que a birra, e tendo a possibilidade de obter itens desejados por meio desse comportamento, a criança certamente preferirá a birra ao invés da fala. Para evitar que a birra aconteça e que o educador acabe fortalecendo a birra, é importante ficar atento: assim que retirar o item pode ser que a criança ameace iniciar a birra emitindo um som mínimo; nesse momento o educador devolve o item rapidamente antes que a criança faça a birra; progressivamente a criança vai compreendendo a atividade e vai se acalmando, o que aumenta a probabilidade de emissão de outros sons que não os de birra.

Será utilizado um protocolo ABC para registrar as atividades de ensino (Figura 80). Quando a criança produzir som, sem que o educador faça perguntas ou dê outros tipos de dica, deve-se marcar A (tentativa realizada sem ajuda); quando a criança não produzir sons e o educador tiver que instigá-la, perguntando algo do tipo "o que você quer?" e só depois disso a criança produzir o som, deve-se marcar B (tentativa realizada com ajuda); caso o educador tente realizar a atividade e a criança não produza sons, nem com a ajuda do educador, deve-se marcar C (aprendiz não respondeu na atividade). Semelhante ao programa de apontar, esse protocolo oferece a possibilidade de registro de até 20 tentativas de ensino, porém o educador não precisa fazer as 20 tentativas. Por trata-se de uma atividade na qual a criança deve produzir sons com o intuito de pedir algo que deseja, quem dita o ritmo da atividade é o aprendiz e ele pode pedir ou não um determinado item, de acordo com a sua motivação naquele momento. Muitos aspectos podem influenciar na "vontade" da criança em pedir alguma coisa; em um dia a criança pode estar muito animada e pedir um objeto por 20 vezes, porém em outro pode estar menos empolgada e pedir por 3 vezes. Dessa maneira, o educador pode encerrar a atividade a qualquer momento, quando perceber que a criança não está mais interessada no item.

O educador deve variar os itens utilizados na atividade, pois caso seja utilizado sempre o mesmo item pode acontecer de a criança aprender que a produção de sons só serve para pedir aquele item específico. O uso de itens variados ajuda a criança a generalizar a produção de sons.

Outro aspecto importante é que esse programa pode ser incompatível com o ensino simultâneo do programa "Apontar em direção a itens desejados (4.1)". Como as atividades são semelhantes, a criança pode ficar confusa entre produzir sons e apontar. A sugestão é não ensinar os dois programas simultaneamente e priorizar o ensino do programa de produção de sons, pois apesar do comportamento de apontar ter uma função comunicativa e social importante, a produção de sons é mais relevante por ser um requisito fundamental para o desenvolvimento da fala.

Além do programa "Apontar em direção a itens desejados (4.1)", esse programa também pode gerar confusão com os programas "Sentar (1.1)" e "Esperar (1.2)", devido à semelhança dos procedimentos de ensino. Porém, a realização simultânea desses programas não é incompatível. Para evitar confusões o educador pode selecionar itens específicos para cada um dos programas. Por exemplo: pode utilizar filmes variados para ensinar a sentar; celular e livros para o esperar e; alimentos e brinquedos para a produção de sons.

No programa de produção de sons não há protocolo de manutenção e o protocolo ABC deve ser mantido até a criança conseguir imitar sons (o educador faz um som e na sequência o aprendiz repete o som). Quando a criança conseguir imitar sons simples, o educador pode finalizar esse programa e manter apenas o "Imitar sons (4.3)".

FIGURA 79 - ENSINO E REGISTRO DO PROGRAMA 4.2 PRODUZIR SONS

1- A criança está assistindo a um vídeo da preferência dela;
2- A mãe para o vídeo e aguarda a criança produzir qualquer som (exceto sons de birra);
3- Após a criança produzir o som a mãe liga o vídeo, elogia e registra no protocolo.

4.2 PRODUZIR SONS COM FUNÇÃO COMUNICATIVA

Procedimento: Enquanto o aprendiz estiver com um item de muito interesse, você vai retirar o acesso dele ao item e aguardar que ele produza algum som (exceto sons de birra). Assim que ele produzir o som você permite o acesso ao item novamente. Caso ele não produza qualquer som, você pode instigá-la fazendo perguntas do tipo "o que você quer?". Se ele produzir algum som (exceto sons de birra) após essa ajuda, elogie e devolva o item a ele. Se mesmo fazendo perguntas ele não produzir sons, você deve interromper a atividade e tentar fazê-la em outro momento com outro item.

Aprendiz:________________ **Educador:**________________ **Data:**________________

ITENS		1	2	3	4	5	6	7	8	9	10	11	12	13	14	15	16	17	18	19	20	Total
	A																					
	B																					
	C																					

Aprendiz:________________ **Educador:**________________ **Data:**________________

ITENS		1	2	3	4	5	6	7	8	9	10	11	12	13	14	15	16	17	18	19	20	Total
	A																					
	B																					
	C																					

Aprendiz:________________ **Educador:**________________ **Data:**________________

ITENS		1	2	3	4	5	6	7	8	9	10	11	12	13	14	15	16	17	18	19	20	Total
	A																					
	B																					
	C																					

Aprendiz:________________ **Educador:**________________ **Data:**________________

ITENS		1	2	3	4	5	6	7	8	9	10	11	12	13	14	15	16	17	18	19	20	Total
	A																					
	B																					
	C																					

Aprendiz:________________ **Educador:**________________ **Data:**________________

ITENS		1	2	3	4	5	6	7	8	9	10	11	12	13	14	15	16	17	18	19	20	Total
	A																					
	B																					
	C																					

Aprendiz:________________ **Educador:**________________ **Data:**________________

ITENS		1	2	3	4	5	6	7	8	9	10	11	12	13	14	15	16	17	18	19	20	Total
	A																					
	B																					
	C																					

Aprendiz:________________ **Educador:**________________ **Data:**________________

ITENS		1	2	3	4	5	6	7	8	9	10	11	12	13	14	15	16	17	18	19	20	Total
	A																					
	B																					
	C																					

A – SEM AJUDA
B – COM AJUDA
C – NÃO FEZ

FIGURA 80 - PROTOCOLO ABC DO PROGRAMA 4.2 PRODUZIR SONS

8.4 IMITAR SONS (4.3)

A habilidade de imitar sons e palavras é fundamental para o aumento do repertório da fala. O objetivo desse programa é ensinar habilidades de imitação vocal a crianças que falam pouco, a fim de aumentar a quantidade de sons e de palavras vocalizadas, criando condições para a ampliação da fala com função comunicativa e da fala espontânea. Esse programa tem como requisito a inserção prévia (não precise ter finalizado os programas, apenas iniciado) dos programas "Imitar movimentos fonoarticulatórios (2.4)" e "Produzir sons com função comunicativa (4.2)".

O programa de imitação de sons é composto por cinco tipos de imitação, que podem ser introduzidos sequencialmente (com aumento gradativo da complexidade da atividade) e ensinados simultaneamente. Em todos os tipos de imitação serão empregados "Protocolos ABC" (Figura 17) para o registro das atividades de ensino. A Figura 81 apresenta o modelo de protocolo ABC que será utilizado em todos os tipos de imitação de sons.

Nos protocolos ABC de imitação de sons há a descrição geral dos procedimentos de ensino (abaixo do título) e abaixo dessa descrição há a discriminação dos tipos de imitação (o educador deve marcar um X no tipo de imitação que está sendo ensinado). Utilize uma pasta de papel (com grampo) para organizar os seus registros; uma pasta para cada tipo de imitação. Aspectos específicos de cada tipo de imitação serão descritos a seguir:

1. Imitação de sons produzidos pela criança: os sons que a criança produz são os mais fáceis para ela imitar, pois ela já é capaz de produzi-los. O importante aqui é que a criança produza o som após o educador, ou seja, o educador emite o som e a criança deve repeti-lo na sequência.

2. Imitação de sons das vogais: consiste em ensinar a criança a imitar sons de vogais, após o educador falar o som da vogal. Sons de vogais são mais simples e podem ser mais fáceis de serem imitados. Inicialmente é comum o aprendiz confundir o som de E com I e o som de O com U ou vice-versa.

3. Imitação de sons de consoantes: consiste em ensinar a criança a imitar sons de consoantes, após o educador falar o som da consoante. Sons de consoantes são mais difíceis de serem imitados. É importante ressaltar que o educador deve pronunciar o som da consoante e não o nome da letra. Para saber qual é som da consoante, imagine uma palavra com a consoante escolhida, por exemplo, a palavra mala para a consoante M. O som que você deve pronunciar é o som inicial da palavra mala (o som de boca fechada, antes de falar a vogal A da sílaba ma).

4. Imitação de sílabas: consiste em ensinar a criança a imitar sons de sílabas, após o educador falar a sílaba. Você pode começar com as sílabas que a criança já produz espontaneamente e introduzir gradativamente sílabas novas.

5. Imitação de palavras: consiste em ensinar a criança a imitar palavras, após o educador falar a palavra. Você pode começar com palavras constituídas por sílabas que a criança já produz e introduzir gradativamente palavras novas. Palavras monossílabas (ex.: pé, dá, um), palavras de sílaba simples, do tipo consoante-vogal, compostas por duas sílabas (ex.: bala, suco, moto) e palavras compostas por repetição de sílabas (ex.: papa, mama, batata) podem ser mais fáceis de ensinar.

Alguns aspectos importantes devem ser observados ao ensinar habilidades de imitação de sons:

1) A atividade de imitação consiste em o educador fazer o som primeiro e o aprendiz fazer o mesmo som em seguida e não o inverso. Por exemplo: se o educador estiver ensinando a criança a imitar o som da vogal A e a criança falar "A" antes do educador, isso não indica imitação; imitar é quando o educador fala primeiro e a criança fala na sequência. Fique atento!

2) Há dois aspectos que influenciam no desempenho (resposta) do aprendiz: a maneira como o educador dá a instrução (antecedentes) e a maneira como o educador se comporta em relação ao desempenho da criança (consequência), em situações de erros ou acertos.

3) Em relação ao antecedente, o educador deve preocupar-se em obter a atenção da criança antes de falar o som, pois se ela estiver distraída pode ser que não se atente ao som, aumentando a probabilidade de erros ou de não realização da atividade.

4) O educador deve sempre fazer um som mais longo, pois isso pode auxiliar o aprendiz a perceber o som, identificá-lo e repetir com mais qualidade. Dessa maneira, se o educador está ensinando a imitação da sílaba "ma", ao invés de falar "ma" o educador deve falar "maaaaa".

5) A resposta do aprendiz é considerada errada quando ele não faz o som ou faz um som diferente daquele produzido pelo educador. Quando o aprendiz não faz qualquer som, o educador deve avaliar se a atividade está organizada de uma maneira que a criança se sinta motivada a fazê-la (avalie quais consequências está usando ou a maneira como está propondo a atividade). Quando a criança fizer um som diferente do som falado pelo educador, elogie veementemente o esforço da criança em tentar imitar, pois essa é uma atividade bem difícil. Nesse caso, o educador pode tentar auxiliar a criança para melhorar a precisão da imitação, repetindo o modelo e dando dicas para a correção. Por exemplo, se o educador fala "aaaa" e a criança fala "iiii": o educador elogia o esforço da criança; o educador solicita que a criança olhe para a boca dele (o educador pode apontar para a própria boca e ressaltar como ela deveria estar, dizendo: "olha a boca, é aberta") e repete a fala ("aaa"). Esses procedimentos de ajuda devem ser retirados gradativamente até que o aprendiz consiga imitar os sons sem ajudas. Alguns sons são muito parecidos (ex.: p, b, d, t) e aumentam a probabilidade de erros do aprendiz; nesse caso, o educador pode ser mais flexível em relação ao critério, considerando respostas aproximadas como corretas. É importante ressaltar que muitas crianças com autismo apresentarão dificuldades em pronunciar alguns sons. O processo para a melhora da pronúncia pode ser longo e muito provavelmente necessitará de um trabalho específico de um fonoaudiólogo. Por isso, é melhor considerar aproximações como corretas do que insistir na qualidade da pronúncia.

6) Quando a criança imitar de maneira correta (independentemente ou com ajudas), o educador deve se preocupar em oferecer consequências que vão deixar a criança motivada e que provavelmente contribuirão para que ela realize a atividade novamente, sempre que for solicitada. O educador pode elogiar, fazer brincadeiras, cantar, oferecer um brinquedo, um objeto ou um alimento que a criança goste muito. Por exemplo, para uma criança que gosta de música: o educador liga a música e deixa a criança ouvir um pouco; o educador para a música e solicita que a criança imite o som; e após o aprendiz imitar o som de maneira correta (com ou sem ajudas), o educador elogia e liga a música novamente (como uma espécie de premiação pela realização correta da atividade).

7) Se a criança demonstrar muitas dificuldades na atividade, você pode fazer apenas duas tentativas com cada som, ao invés de quatro.

Para registrar as atividades de ensino, o educador usará os protocolos ABC. Cada retângulo deve ser utilizado para um dia de atividade. Em cada retângulo o educador deve preencher o nome do aprendiz, o nome dele e a data de realização da atividade. Abaixo dos dados de identificação há cinco quadrados nos quais o educador anotará o desempenho do aprendiz por tentativas de ensino, conforme descrito na Figura 17. Onde está escrito "Som" (nos quadrados) o educador deve escrever qual som está sendo ensinado para a criança. Serão realizadas quatro tentativas de ensino de cada som escolhido.

A Figura 82 apresenta uma sequência de tentativas de ensino de imitação e o registro no protocolo ABC. A cada tentativa o educador faz o som e o aprendiz deve repeti-lo na sequência. Se na primeira tentativa a criança repetir o som sem auxílio do educador, deve-se marcar na primeira coluna (referente à primeira tentativa) um X na altura da linha da letra A, que indica atividade realizada sem ajuda. Se na segunda tentativa a criança não fizer o som e tiver que ser auxiliado pelo educador (qualquer tipo de auxílio), deve-se marcar um X na segunda coluna, na altura da linha da letra B, que indica atividade realizada com ajuda. Se na terceira tentativa a criança não imitar, nem com auxílio do educador, deve-se marcar um X na terceira coluna, na altura da linha da letra C, que indica que a criança não respondeu na atividade. Nas tentativas seguintes deve-se seguir os mesmos critérios: marcações em A para atividade realizada sem ajuda, B para atividade realizada com ajuda e C quando o aprendiz não responder na atividade.

Quando o aprendiz obtiver três registros seguidos no protocolo ABC, com 100% das marcações das tentativas em A, considera-se que ele aprendeu aquele som; nesse caso, seleciona-se um novo som para o ensino. Quando um som for aprendido, o educador deve começar a utilizar o protocolo de manutenção (Figura 83); preencha nesse protocolo todos os sons que o aprendiz conseguir acertar por três dias consecutivos e substitua-os por sons novos no protocolo ABC. Dessa maneira o protocolo de manutenção será utilizado simultaneamente ao protocolo ABC (um protocolo de manutenção para cada tipo de imitação de sons). O critério para o término do programa de ensino é quando a criança conseguir imitar com facilidade de 10 a 20 palavras.

4.3 IMITAR SONS

Obtenha a atenção do aprendiz. Faça o som e espere o aprendiz repetir. Caso ele não consiga dê ajudas. Quando ele fizer elogie (ou ofereça a ele algo que gosta). Diminua as ajudas gradativamente.

Tipos: 1. ( ) Produzidos pela criança 2. ( ) Vogais 3. ( ) Consoantes 4. ( ) Sílabas 5. ( ) Palavras

Aprendiz:________ Educador:________ Data:________

SOM	TENTATIVAS					SOM	TENTATIVAS					SOM	TENTATIVAS					SOM	TENTATIVAS					SOM	TENTATIVAS				
		1	2	3	4			1	2	3	4			1	2	3	4			1	2	3	4			1	2	3	4
	A						A						A						A						A				
	B						B						B						B						B				
	C						C						C						C						C				

Aprendiz:________ Educador:________ Data:________

SOM	TENTATIVAS					SOM	TENTATIVAS					SOM	TENTATIVAS					SOM	TENTATIVAS					SOM	TENTATIVAS				
		1	2	3	4			1	2	3	4			1	2	3	4			1	2	3	4			1	2	3	4
	A						A						A						A						A				
	B						B						B						B						B				
	C						C						C						C						C				

Aprendiz:________ Educador:________ Data:________

SOM	TENTATIVAS					SOM	TENTATIVAS					SOM	TENTATIVAS					SOM	TENTATIVAS					SOM	TENTATIVAS				
		1	2	3	4			1	2	3	4			1	2	3	4			1	2	3	4			1	2	3	4
	A						A						A						A						A				
	B						B						B						B						B				
	C						C						C						C						C				

Aprendiz:________ Educador:________ Data:________

SOM	TENTATIVAS					SOM	TENTATIVAS					SOM	TENTATIVAS					SOM	TENTATIVAS					SOM	TENTATIVAS				
		1	2	3	4			1	2	3	4			1	2	3	4			1	2	3	4			1	2	3	4
	A						A						A						A						A				
	B						B						B						B						B				
	C						C						C						C						C				

Aprendiz:________ Educador:________ Data:________

SOM	TENTATIVAS					SOM	TENTATIVAS					SOM	TENTATIVAS					SOM	TENTATIVAS					SOM	TENTATIVAS				
		1	2	3	4			1	2	3	4			1	2	3	4			1	2	3	4			1	2	3	4
	A						A						A						A						A				
	B						B						B						B						B				
	C						C						C						C						C				

Aprendiz:________ Educador:________ Data:________

SOM	TENTATIVAS					SOM	TENTATIVAS					SOM	TENTATIVAS					SOM	TENTATIVAS					SOM	TENTATIVAS				
		1	2	3	4			1	2	3	4			1	2	3	4			1	2	3	4			1	2	3	4
	A						A						A						A						A				
	B						B						B						B						B				
	C						C						C						C						C				

A – SEM AJUDA
B – COM AJUDA
C – NÃO FEZ

FIGURA 81 - PROTOCOLO ABC DO PROGRAMA 4.3 IMITAR SONS

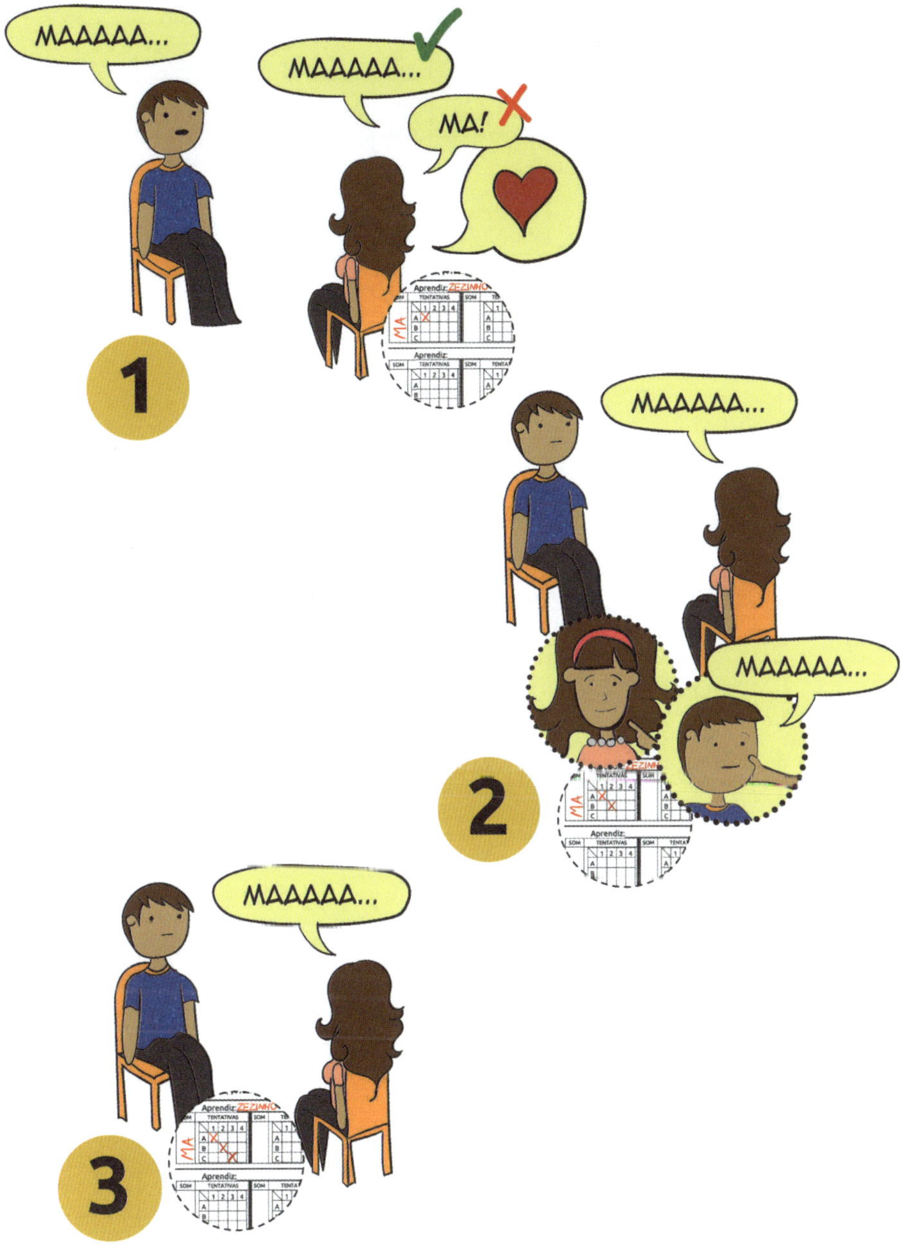

FIGURA 82 - ENSINO E REGISTRO DO PROGRAMA 4.3 IMITAR SONS

1- Tentativa sem auxílio;
2- Tentativa com auxílio;
3- Não realização da tentativa

4.3 IMITAR SONS MANUTENÇÃO

Aprendiz:____________________ Educador:____________________

SONS	DATAS													
1.														
2.														
3.														
4.														
5.														
6.														
7.														
8.														
9.														
10.														
11.														
12.														
13.														
14.														
15.														
16.														
17.														
18.														
19.														
20.														
TOTAL DE ACERTOS														

FIGURA 83 - PROTOCOLO DE MANUTENÇÃO DO PROGRAMA 4.3 IMITAR SONS

8.5 AUMENTAR OS PEDIDOS VOCAIS (4.4)

Muitas crianças com autismo começam a falar, porém a fala apresenta-se sem ou com pouca função comunicativa. Isso significa que a criança é capaz de falar palavras, porém não é capaz de fazer pedidos ou responder a perguntas, apenas repetir o que escuta ou falar fora de um contexto comunicativo. Contudo, podemos melhorar esse aspecto da fala e o objetivo desse programa é ensinar a criança a fazer pedidos utilizando a fala. Esse programa de ensino tem como requisito o programa "Imitar sons (4.3)".

O ensino dessa habilidade é bem simples. A Figura 84 ilustra uma situação de ensino e de registro da atividade. Comece escolhendo itens (alimentos, brinquedos e demais objetos) que a criança gosta muito. Escolha preferencialmente itens que a criança consegue repetir o nome deles, após o educador dar o modelo verbal (ex.: o educador fala "bola" e a criança consegue repetir a palavra na sequência da fala do educador). O educador pega o item selecionado, que no caso da Figura 84 seria a bola, e fica segurando-o na frente da criança, sem falar nada, aguardando que o aprendiz diga o nome do objeto. Como a criança ainda não fala com função comunicativa, provavelmente ela vai tentar pegar o item sem falar o nome dele; nesse momento o educador fala o nome do objeto e pede para a criança repeti-lo. A criança repete o nome do item e o educador dá o item para a criança. Gradativamente o educador deixa de falar o nome do item e progressivamente a criança começa a falar sem o modelo do educador. Dessa maneira, quando a criança desejar o item e começar a falar o nome dele sem o modelo do educador, podemos considerar que ela aprendeu a pedir o item por meio da fala.

O protocolo utilizado para o registro da atividade é do tipo certo/errado (Figura 85). Utilize uma pasta de papel (com grampo) para organizar os seus registros. O educador deve preencher os dados da criança, os dados dele e a data da atividade. Cada retângulo deve ser utilizado para um dia de atividade. O retângulo é composto por três linhas e 11 colunas; a primeira coluna já está escrita (itens, tentativas e acertos) e as demais estão em branco para preenchimento do educador (exceto pelos números 1 e 2, referentes ao número de tentativas que serão realizadas). Na primeira linha, o educador deve preencher o nome dos itens que estão sendo utilizados na atividade (alimentos, brinquedos e demais objetos). A segunda linha indica que para cada item serão realizadas duas tentativas, ou seja, o educador vai organizar duas oportunidades de pedidos para cada um dos estímulos. Na terceira linha , o educador vai escrever V para acertos da criança e X para erros ou respostas com ajuda. As respostas são consideradas corretas quando a criança fala o nome do objeto sem o modelo, ajudas ou dicas do educador.

O educador pode começar a atividade com apenas um item e ir aumentando gradativamente até o máximo de 10 itens. Quando o aprendiz tiver 10 itens no protocolo certo/errado e não tiver mais espaço para acrescentar novos itens, o educador deve começar a utilizar o protocolo de manutenção (Figura 86); preencha no protocolo de manutenção todos os itens que o aprendiz conseguir acertar por três dias consecutivos e substitua por itens novos. Dessa maneira, o protocolo de manutenção será utilizado simultaneamente ao protocolo certo/errado.

Não há um critério exato para finalizar esse programa de ensino. A sugestão é encerrar quando a criança for capaz de pedir de 10 a 20 itens. É importante ressaltar que o educador deve se preocupar em criar oportunidades no cotidiano para que a criança peça em contextos diferentes da situação de ensino.

FIGURA 84 - ENSINO E REGISTRO DO PROGRAMA 4.4 AUMENTAR OS PEDIDOS VOCAIS

1- A criança está com um objeto da preferência dela ponte;
2- A mãe solicita o objeto;
3- A criança não consegue falar "bola" e a mãe fala "bola" para dar o modelo de qual palavra a criança deve falar;
4- A criança fala "bola", a mãe devolve o objeto, elogia e registra no protocolo.

4.4 AUMENTAR OS PEDIDOS VOCAIS

Procedimento: Escolha um momento no qual a criança está com algum item que ela gosta muito. Você deve pegar o item da criança e ficar segurando-o na frente dela, sem falar nada, aguardando que ela diga o nome do item. Se a criança falar o nome do item devolva-o imediatamente e a elogie. Se a criança não falar, você deve falar o nome do item e pedir a criança para repeti-lo. Se a criança repetir o nome do item, você o devolve a ela. Diminua as ajudas gradativamente.

Aprendiz:____________ Educador:____________ Data:____________

Itens																				
Tentativas	1	2	1	2	1	2	1	2	1	2	1	2	1	2	1	2	1	2	1	2
Acertos																				

Acertos:____________

Aprendiz:____________ Educador:____________ Data:____________

Itens																				
Tentativas	1	2	1	2	1	2	1	2	1	2	1	2	1	2	1	2	1	2	1	2
Acertos																				

Acertos:____________

Aprendiz:____________ Educador:____________ Data:____________

Itens																				
Tentativas	1	2	1	2	1	2	1	2	1	2	1	2	1	2	1	2	1	2	1	2
Acertos																				

Acertos:____________

Aprendiz:____________ Educador:____________ Data:____________

Itens																				
Tentativas	1	2	1	2	1	2	1	2	1	2	1	2	1	2	1	2	1	2	1	2
Acertos																				

Acertos:____________

Aprendiz:____________ Educador:____________ Data:____________

Itens																				
Tentativas	1	2	1	2	1	2	1	2	1	2	1	2	1	2	1	2	1	2	1	2
Acertos																				

Acertos:____________

Aprendiz:____________ Educador:____________ Data:____________

Itens																				
Tentativas	1	2	1	2	1	2	1	2	1	2	1	2	1	2	1	2	1	2	1	2
Acertos																				

Acertos:____________

Aprendiz:____________ Educador:____________ Data:____________

Itens																				
Tentativas	1	2	1	2	1	2	1	2	1	2	1	2	1	2	1	2	1	2	1	2
Acertos																				

Acertos:____________

V – ACERTOU	X –ACERTOU COM AJUDA OU ERROU

FIGURA 85 – PROTOCOLO CERTO/ERRADO DO PROGRAMA 4.4 AUMENTAR OS PEDIDOS VOCAIS

4.4 AUMENTAR OS PEDIDOS VOCAIS MANUTENÇÃO

Aprendiz:______________________________Educador:______________________________

ITENS	DATAS													
1.														
2.														
3.														
4.														
5.														
6.														
7.														
8.														
9.														
10.														
11.														
12.														
13.														
14.														
15.														
16.														
17.														
18.														
19.														
20.														
TOTAL DE ACERTOS														

FIGURA 86 - PROTOCOLO DE MANUTENÇÃO DO PROGRAMA 4.4 AUMENTAR OS PEDIDOS VOCAIS

8.6 NOMEAR PESSOAS FAMILIARES (4.5), NOMEAR OBJETOS (4.6) E NOMEAR FIGURAS (4.7)

Muitas crianças com autismo começam a falar, porém falta vocabulário para a fala espontânea e fluente. É como se a criança conseguisse falar apenas poucas palavras e não tivesse aprendido a quantidade de palavras suficientes para manter um diálogo, responder a perguntas ou mesmo fazer pedidos. Nomear é a habilidade de dizer o nome de um estímulo (alimentos, figuras, pessoas, lugares, brinquedos e demais objetos) frente à apresentação desse estímulo (ex.: frente a uma bola criança diz bola). Nesse caso, a fala não tem a função de fazer pedidos, porém a capacidade de nomear estímulos indica que a criança sabe o nome desses estímulos e isso é um fator importante para o aumento da fala com função comunicativa. O objetivo geral desses programas de ensino é aumentar o vocabulário da criança para que ela possa falar melhor, espontaneamente e com função comunicativa. Esses programas de ensino têm como requisito o programa "Imitar sons (4.3)".

O ensino dos três programas de nomeação é muito semelhante e a diferença está apenas no tipo de item utilizado: fotos de pessoas familiares, figuras e objetos. A Figura 87 ilustra uma situação de ensino de nomeação de pessoas familiares. O educador mostra a foto (item a ser nomeado) e pergunta para o aprendiz: "quem é esse?". Caso a criança não consiga responder, o educador ajuda falando o nome do item, que, nesse caso é "papai", e solicita que a criança repita oralmente o nome falado. Quando a criança fala o nome corretamente, o educador elogia e pode recompensá-la com algo que goste (consequência). Gradativamente o educador deixa de falar o nome do item e progressivamente a criança começa a falar sem o modelo do educador. Quando a criança visualizar a foto, o educador perguntar "quem é esse?" e a criança responder "papai", sem auxílio ou dicas do educador, considera-se que ela aprendeu a nomear esse item.

O protocolo utilizado para o registro da atividade é do tipo certo/errado (Figura 88, 89 e 90). Utilize uma pasta de papel (com grampo) para organizar os seus registros; uma pasta para cada tipo de nomeação. O educador deve preencher os dados da criança, os dados dele e a data da atividade. Cada retângulo deve ser utilizado para um dia de atividade. O retângulo é composto por três linhas e 11 colunas; a primeira coluna já está escrita (fotos/objetos/figuras, tentativas e acertos) e as demais estão em branco para preenchimento do educador (exceto pelos números 1 e 2, referentes ao número de tentativas que serão realizadas). Na primeira linha, o educador deve preencher o nome dos itens que estão sendo utilizados na atividade. A segunda linha indica que para cada item serão realizadas duas tentativas, ou seja, o educador vai organizar duas oportunidades de nomeação para cada um dos estímulos. Na terceira linha, o educador vai escrever V para acertos da criança e X para erros ou respostas com ajuda. As respostas são consideradas corretas quando a criança fala o nome do item sem o modelo, ajudas ou dicas do educador, após o educador apresentar o estímulo e perguntar "quem é esse?" ou "o que é isso?".

O educador pode começar a atividade com apenas um item e ir

aumentando gradativamente até o máximo de 10 itens. Quando o aprendiz tiver 10 itens no protocolo certo/errado e não tiver mais espaço para acrescentar novos itens, o educador deve começar a utilizar o protocolo de manutenção (Figuras 91, 92 e 93); preencha no protocolo de manutenção todos os itens que o aprendiz conseguir acertar por três dias consecutivos e substitua por itens novos no protocolo certo/errado. Dessa maneira, o protocolo de manutenção será utilizado simultaneamente ao protocolo certo/errado.

Não há um critério exato para encerrar esses programas de ensino. A sugestão para encerrar o programa de nomeação de pessoas familiares (4.5) é verificar se a criança nomeia todos os familiares e conhecidos que convivem com ela. Para os programas de nomeação de objetos (4.6) e nomeação de figuras (4.7), o educador pode avaliar se o aprendiz é capaz de nomear de cinco a dez estímulos de cada uma das seguintes categorias: animais, alimentos, vestuário, números, letras, cores, formas, brinquedos, objetos do cotidiano, personagens de desenho animado, mobílias, locais e ações.

O protocolo de manutenção deve ser utilizado diariamente por 3 meses; mantendo-se 80% de acertos no último mês, pode-se passar a utilizá-lo uma vez por semana. Após utilizá-lo uma vez por semana por mais 3 meses e mantendo-se 80% de acertos no último mês, pode-se passar para uma vez a cada 15 dias. Seguindo por mais 3 meses fazendo a cada 15 dias com desempenhos altos, pode-se passar para uma vez por mês por mais 3 meses; mantendo-se os acertos nesse período, pode-se encerrar o uso desse protocolo. Além do uso do protocolo de manutenção, o educador deve se preocupar em estimular que a criança nomeie pessoas, figuras e objetos em situações variadas do cotidiano, que sejam diferentes da situação de ensino.

FIGURA 87 - ENSINO E REGISTRO DOS PROGRAMAS DE NOMEAÇÃO 4.5, 4.6 E 4.7

1- A mãe mostra a figura e pergunta para criança: "quem é esse?";
2- A criança não nomeia, então a mãe fala o nome, aguarda a criança repetir e marca um X no protocolo;
3- A criança nomeia sem ajuda e a mãe marca um V no protocolo.

4.5 NOMEAR PESSOAS FAMILIARES

Procedimento: Mostre a foto para o aprendiz e pergunte "quem é esse (a)?". Se o aprendiz nomear corretamente elogie (ou ofereça a ele algo que goste). Se o aprendiz não nomear ou nomear de maneira incorreta você deve auxiliar falando o nome da pessoa da foto e pedindo ao aprendiz para repeti-lo. Diminua as ajudas gradativamente.

Aprendiz:__________ Educador:__________ Data:__________

Fotos																				
Tentativas	1	2	1	2	1	2	1	2	1	2	1	2	1	2	1	2	1	2	1	2
Acertos																				

Acertos:__________

Aprendiz:__________ Educador:__________ Data:__________

Fotos																				
Tentativas	1	2	1	2	1	2	1	2	1	2	1	2	1	2	1	2	1	2	1	2
Acertos																				

Acertos:__________

Aprendiz:__________ Educador:__________ Data:__________

Fotos																				
Tentativas	1	2	1	2	1	2	1	2	1	2	1	2	1	2	1	2	1	2	1	2
Acertos																				

Acertos:__________

Aprendiz:__________ Educador:__________ Data:__________

Fotos																				
Tentativas	1	2	1	2	1	2	1	2	1	2	1	2	1	2	1	2	1	2	1	2
Acertos																				

Acertos:__________

Aprendiz:__________ Educador:__________ Data:__________

Fotos																				
Tentativas	1	2	1	2	1	2	1	2	1	2	1	2	1	2	1	2	1	2	1	2
Acertos																				

Acertos:__________

Aprendiz:__________ Educador:__________ Data:__________

Fotos																				
Tentativas	1	2	1	2	1	2	1	2	1	2	1	2	1	2	1	2	1	2	1	2
Acertos																				

Acertos:__________

Aprendiz:__________ Educador:__________ Data:__________

Fotos																				
Tentativas	1	2	1	2	1	2	1	2	1	2	1	2	1	2	1	2	1	2	1	2
Acertos																				

Acertos:__________

V - ACERTOU	X - ACERTOU COM AJUDA OU ERROU

FIGURA 88 - PROTOCOLO CERTO/ERRADO DO PROGRAMA 4.5 NOMEAR PESSOAS FAMILIARES

4.6 NOMEAR OBJETOS

Procedimento: Mostre o objeto para o aprendiz e pergunte "o que é isso?". Se o aprendiz nomear corretamente elogie (ou ofereça a ele algo que goste). Se o aprendiz não nomear ou nomear de maneira incorreta você deve auxiliar falando o nome do objeto e pedindo ao aprendiz para repeti-lo. Diminua as ajudas gradativamente.

Aprendiz:____________ Educador:____________ Data:____________

Objetos																				
Tentativas	1	2	1	2	1	2	1	2	1	2	1	2	1	2	1	2	1	2	1	2
Acertos																				

Acertos:____________

Aprendiz:____________ Educador:____________ Data:____________

Objetos																				
Tentativas	1	2	1	2	1	2	1	2	1	2	1	2	1	2	1	2	1	2	1	2
Acertos																				

Acertos:____________

Aprendiz:____________ Educador:____________ Data:____________

Objetos																				
Tentativas	1	2	1	2	1	2	1	2	1	2	1	2	1	2	1	2	1	2	1	2
Acertos																				

Acertos:____________

Aprendiz:____________ Educador:____________ Data:____________

Objetos																				
Tentativas	1	2	1	2	1	2	1	2	1	2	1	2	1	2	1	2	1	2	1	2
Acertos																				

Acertos:____________

Aprendiz:____________ Educador:____________ Data:____________

Objetos																				
Tentativas	1	2	1	2	1	2	1	2	1	2	1	2	1	2	1	2	1	2	1	2
Acertos																				

Acertos:____________

Aprendiz:____________ Educador:____________ Data:____________

Objetos																				
Tentativas	1	2	1	2	1	2	1	2	1	2	1	2	1	2	1	2	1	2	1	2
Acertos																				

Acertos:____________

Aprendiz:____________ Educador:____________ Data:____________

Objetos																				
Tentativas	1	2	1	2	1	2	1	2	1	2	1	2	1	2	1	2	1	2	1	2
Acertos																				

Acertos:____________

V - ACERTOU	X -ACERTOU COM AJUDA OU ERROU

FIGURA 89 - PROTOCOLO CERTO/ERRADO DO PROGRAMA 4.6 NOMEAR OBJETOS

4.7 NOMEAR FIGURAS

Procedimento: Mostre a figura para o aprendiz e pergunte "quem é esse (a)?". Se o aprendiz nomear corretamente elogie (ou ofereça a ele algo que goste). Se o aprendiz não nomear ou nomear de maneira inadequada você deve auxiliar falando o nome da figura e pedindo ao aprendiz para repeti-lo. Diminua as ajudas gradativamente.

Aprendiz:__________ Educador:__________ Data:__________

Figuras																				
Tentativas	1	2	1	2	1	2	1	2	1	2	1	2	1	2	1	2	1	2	1	2
Acertos																				

Acertos:__________

Aprendiz:__________ Educador:__________ Data:__________

Figuras																				
Tentativas	1	2	1	2	1	2	1	2	1	2	1	2	1	2	1	2	1	2	1	2
Acertos																				

Acertos:__________

Aprendiz:__________ Educador:__________ Data:__________

Figuras																				
Tentativas	1	2	1	2	1	2	1	2	1	2	1	2	1	2	1	2	1	2	1	2
Acertos																				

Acertos:__________

Aprendiz:__________ Educador:__________ Data:__________

Figuras																				
Tentativas	1	2	1	2	1	2	1	2	1	2	1	2	1	2	1	2	1	2	1	2
Acertos																				

Acertos:__________

Aprendiz:__________ Educador:__________ Data:__________

Figuras																				
Tentativas	1	2	1	2	1	2	1	2	1	2	1	2	1	2	1	2	1	2	1	2
Acertos																				

Acertos:__________

Aprendiz:__________ Educador:__________ Data:__________

Figuras																				
Tentativas	1	2	1	2	1	2	1	2	1	2	1	2	1	2	1	2	1	2	1	2
Acertos																				

Acertos:__________

Aprendiz:__________ Educador:__________ Data:__________

Figuras																				
Tentativas	1	2	1	2	1	2	1	2	1	2	1	2	1	2	1	2	1	2	1	2
Acertos																				

Acertos:__________

V – ACERTOU	X – ACERTOU COM AJUDA OU ERROU

FIGURA 90 - PROTOCOLO CERTO/ERRADO DO PROGRAMA 4.7 NOMEAR FIGURAS

4.5 NOMEAR PESSOAS FAMILIARES MANUTENÇÃO

Aprendiz:______________________ Educador:______________________

FOTOS	DATAS													
1.														
2.														
3.														
4.														
5.														
6.														
7.														
8.														
9.														
10.														
11.														
12.														
13.														
14.														
15.														
16.														
17.														
18.														
19.														
20.														
TOTAL DE ACERTOS														

FIGURA 91 - PROTOCOLO DE MANUTENÇÃO DO PROGRAMA 4.5 NOMEAR PESSOAS FAMILIARES

4.6 NOMEAR OBJETOS MANUTENÇÃO

Aprendiz:______________________ Educador:______________________

OBJETOS	DATAS													
1.														
2.														
3.														
4.														
5.														
6.														
7.														
8.														
9.														
10.														
11.														
12.														
13.														
14.														
15.														
16.														
17.														
18.														
19.														
20.														
TOTAL DE ACERTOS														

FIGURA 92 - PROTOCOLO DE MANUTENÇÃO DO PROGRAMA 4.6 NOMEAR OBJETOS

4.7 NOMEAR FIGURAS MANUTENÇÃO

Aprendiz:________________________________ Educador:________________________________

FIGURAS	DATAS													
1.														
2.														
3.														
4.														
5.														
6.														
7.														
8.														
9.														
10.														
11.														
12.														
13.														
14.														
15.														
16.														
17.														
18.														
19.														
20.														
TOTAL DE ACERTOS														

FIGURA 93 - PROTOCOLO DE MANUTENÇÃO DO PROGRAMA 4.7 NOMEAR FIGURAS

HABILIDADES PRÉ-ACADÊMICAS

A área de Habilidades Pré-Acadêmicas é composta pelos seguintes Programas de Ensino: Coordenação olho mão (5.1); Emparelhar objetos (5.2); Emparelhar figuras (5.3); Emparelhar figuras e objetos (5.4); Usar o lápis (5.5); e Usar a tesoura (5.6).

9.1 DEFINIÇÃO

O objetivo geral dos programas dessa área é ensinar habilidades básicas, de caráter pedagógico, que são fundamentais para a realização de atividades escolares e que também são requisitos para aprendizagens mais complexas como a leitura, a escrita e a matemática.

Olhar para o que está fazendo (coordenação olho mão) é fundamental para o comportamento de escrever. Perceber a diferença entre estímulos e conseguir separá-los, considerando diferenças e semelhanças (emparelhamentos), é importante para a leitura e para a matemática. Fazer relação entre estímulos que são fisicamente diferentes, mas que apresentam propriedades em comum (emparelhamentos entre figuras e objetos) é necessário para a leitura com compreensão. Ser capaz de utilizar o lápis e a tesoura é imprescindível para a realização da maioria das atividades escolares em sala de aula.

É importante ressaltar que todas as atividades dessa área devem ser realizadas com a criança sentada à mesa, semelhante ao que é feito em ambiente escolar. A seguir serão apresentados os Programas de Ensino com a definição, descrição dos procedimentos e protocolos.

9.2 COORDENAÇÃO OLHO MÃO (5.1)

Crianças com autismo podem apresentar dificuldades em olhar para aquilo que estão fazendo e isso pode ser um problema para a realização correta de atividades, pois se a criança não olha para a tarefa, provavelmente vai responder de maneira errada, o que, por sua vez, compromete a aprendizagem. O objetivo desse programa é melhorar o comportamento do aprendiz de olhar para aquilo que ele está fazendo, aumentando o tempo e a qualidade desse olhar.

Nesse programa não há um procedimento padrão para a realização da atividade; a recomendação é usar materiais (brinquedos ou jogos) que a criança necessariamente tem que olhar para executara tarefa. Encaixes, quebra-cabeças e enfiagens são recursos ótimos (Figura 94)! A vantagem desse programa é que crianças com autismo tendem a gostar muito desse tipo de atividade.

O protocolo de registro utilizado nesse programa (Figura 95) é bem diferente dos protocolos apresentados no Capítulo 4: ele permite uma descrição qualitativa das atividades realizadas. O educador anota a data da realização das atividades e na sequência pode anotar quais materiais utilizou, como foi o comportamento da criança e por quanto tempo ela ficou em atividade. Utilize uma pasta de papel (com grampo) para organizar os seus registros. O programa pode ser finalizado quando a criança for capaz de permanecer sentada em atividade por 15 a 30 minutos consecutivos (não precisa ser com o mesmo material, pode trocar de material), realizando as tarefas sem auxílio do educador.

FIGURA 94 - QUEBRA-CABEÇA

5.1 COORDENAÇÃO OLHO MÃO

Procedimento: O objetivo desse programa é melhorar o comportamento do aprendiz de olhar para aquilo que ele está fazendo, aumentando o tempo e a qualidade desse olhar. As atividades têm que ser realizadas com o aprendiz sentado à mesa. Utilize materiais que o aprendiz necessariamente tem que coordenar o olhar e o movimento manual para realizar a tarefa. Encaixes, quebra-cabeças e enfiagens são recursos ótimos. Anote a data, o material utilizado, o comportamento do aprendiz e a duração da atividade.

Aprendiz:________________________________ Educador:____________________________

DATA	MATERIAL	COMPORTAMENTO	TEMPO

FIGURA 95 - PROTOCOLO DO PROGRAMA 5.1 COORDENAÇÃO OLHO MÃO

9.3 EMPARELHAR OBJETOS (5.2)

O objetivo desse programa é ensinar ao aprendiz a discriminar entre objetos diferentes e ao mesmo tempo relacionar objetos que são idênticos. Para essa atividade, você precisará de potes transparentes (tipo vasilhas plásticas utilizadas para guardar alimentos) e objetos iguais.

Nesse programa será empregado um "Protocolo certo/errado" para o registro das atividades de ensino (Figura 96). Utilize uma pasta de papel (com grampo) para organizar os seus registros. No protocolo desse programa, abaixo do título, há a descrição dos procedimentos de ensino e abaixo da descrição desses procedimentos há a discriminação de quatro fases de ensino (o educador deve marcar um X na fase correspondente à que está sendo ensinada) que serão apresentadas a seguir:

1. Objetos no pote: antes de ensinar a emparelhar objetos idênticos, é necessário ensinar ao aprendiz a maneira correta de responder a esse tipo de atividade. Será necessário um pote transparente e seis objetos idênticos. O educador apresenta o pote sobre a mesa, com um objeto dentro do pote (modelo) e com os demais objetos sobre a mesa, fora do pote. Na sequência, o educador solicita que a criança guarde dentro do pote os objetos que estão sobre a mesa. O educador deve ajudar fisicamente quando o aprendiz não for capaz de colocar os objetos dentro do pote e essa ajuda deve ser diminuída gradativamente. Quando a criança guardar os objetos dentro do pote por três dias seguidos, sem o auxílio do educador, é possível passar para a fase seguinte.

2. Dois potes: consiste em ensinar o aprendiz a emparelhar objetos idênticos. Serão necessários dois potes transparentes e dois conjuntos diferentes compostos por seis objetos idênticos em cada um deles (ex.: carros e patos). O educador apresenta os potes sobre a mesa, com um objeto de cada conjunto dentro de cada pote (modelo) e com os demais objetos misturados sobre a mesa, fora dos potes. Na sequência, o educador solicita que a criança guarde cada objeto que está sobre a mesa dentro do seu respectivo pote (ex.: carro com carro e pato com pato). O educador deve auxiliar fisicamente quando o aprendiz não for capaz de colocar os objetos dentro dos potes corretos e esse auxílio deve ser diminuído gradativamente. Quando a criança guardar corretamente os objetos dentro de seus respectivos potes, por três dias consecutivos, sem o auxílio do educador, é possível passar para a fase seguinte.

3. Três potes: consiste em aumentar a complexidade da atividade de emparelhamento com objetos. Serão necessários três potes transparentes e três conjuntos diferentes compostos por seis objetos idênticos em cada um deles (ex.: carros, patos e bolas). O educador apresenta os potes sobre a mesa, com um objeto de cada conjunto dentro de cada pote (modelo) e com os demais objetos misturados sobre a mesa, fora dos potes. Na sequência, o educador solicita que a criança guarde cada objeto que está sobre a mesa dentro do seu respectivo pote (ex.: carro com carro, pato com pato e bola com bola). O educador deve auxiliar fisicamente quando o aprendiz não for capaz de colocar os objetos dentro dos potes corretos e esse auxílio deve ser diminuído gradativamente. Quando a criança guardar corretamente os objetos dentro de seus respectivos potes, por três dias consecutivos, sem o auxílio do educador, é possível passar para a fase seguinte.

4. Cores: a atividade é idêntica à da Fase 3 e o objetivo é auxiliar na generalização (ensinar a criança a fazer a atividade com estímulos diferentes). Serão necessários três potes transparentes e três conjuntos de objetos idênticos, porém de cores diferentes (ex.: bolas azuis, verdes e amarelas). Na sequência, o educador solicita que a criança guarde cada objeto que está sobre a mesa dentro do seu respectivo pote (ex.: bola azul com bola azul, bola verde com bola verde e bola amarela com bola amarela). O educador deve auxiliar fisicamente quando o aprendiz não for capaz de colocar os objetos dentro dos potes corretos e esse auxílio deve ser diminuído gradativamente. Quando a criança guardar corretamente os objetos dentro de seus respectivos potes, por três dias consecutivos, sem o auxílio do educador, é possível finalizar esse programa de ensino.

Ainda em relação ao protocolo, o educador deve preencher os dados da criança, os dados dele e a data da atividade. Cada retângulo deve ser utilizado para um dia de atividade. O retângulo é composto por três linhas e quatro grandes colunas (subdivididas); a primeira coluna já está escrita (tentativas e acertos) e as demais apresentam espaço sem branco para preenchimento do educador. Na primeira linha, o educador deve preencher o nome dos objetos que estão sendo utilizados em cada um dos potes ("Pote 1", "Pote2" e Pote 3"). A segunda linha indica que para cada pote serão utilizados cinco objetos ("Tentativas"). Na terceira linha, o educador vai escrever, para cada objeto de cada pote, V para acertos da criança e X para erros ou respostas com ajuda. As respostas são consideradas corretas quando a criança coloca o objeto no pote correto sem auxílio do educador. Na primeira fase, o educador vai preencher apenas a coluna referente ao Pote 1. Na segunda fase, o educador vai preencher as colunas referentes aos Potes 1 e 2. Na terceira e na quarta fase, o educador vai preencher as colunas referentes aos Potes 1, 2 e 3.

5.2 EMPARELHAR OBJETOS

Procedimento: Os potes devem ser apresentados sobre a mesa, com um objeto de cada conjunto dentro de cada pote; os demais objetos estarão sobre a mesa, misturados, fora dos potes. Solicite ao aprendiz que guarde cada objeto que está sobre a mesa dentro de seu respectivo pote. Quando o aprendiz não conseguir guardar ou guardar de forma incorreta, auxilie fisicamente na correção. Quando o aprendiz acertar elogie ou ofereça a ele algo que gosta. Diminua as ajudas gradativamente.

Fases: 1. ( ) Objetos no pote; 2. ( ) Dois potes; 3. ( ) Três potes; 4. ( ) Cores

Aprendiz:________________ Educador:________________ Data:____________

	Pote 1:_______					**Pote 2:_______**					**Pote 3:_______**				
Tentativas	**1**	**2**	**3**	**4**	**5**	**1**	**2**	**3**	**4**	**5**	**1**	**2**	**3**	**4**	**5**
Acertos															

Acertos:____________

Aprendiz:________________ Educador:________________ Data:____________

	Pote 1:_______					**Pote 2:_______**					**Pote 3:_______**				
Tentativas	**1**	**2**	**3**	**4**	**5**	**1**	**2**	**3**	**4**	**5**	**1**	**2**	**3**	**4**	**5**
Acertos															

Acertos:____________

Aprendiz:________________ Educador:________________ Data:____________

	Pote 1:_______					**Pote 2:_______**					**Pote 3:_______**				
Tentativas	**1**	**2**	**3**	**4**	**5**	**1**	**2**	**3**	**4**	**5**	**1**	**2**	**3**	**4**	**5**
Acertos															

Acertos:____________

Aprendiz:________________ Educador:________________ Data:____________

	Pote 1:_______					**Pote 2:_______**					**Pote 3:_______**				
Tentativas	**1**	**2**	**3**	**4**	**5**	**1**	**2**	**3**	**4**	**5**	**1**	**2**	**3**	**4**	**5**
Acertos															

Acertos:____________

Aprendiz:________________ Educador:________________ Data:____________

	Pote 1:_______					**Pote 2:_______**					**Pote 3:_______**				
Tentativas	**1**	**2**	**3**	**4**	**5**	**1**	**2**	**3**	**4**	**5**	**1**	**2**	**3**	**4**	**5**
Acertos															

Acertos:____________

Aprendiz:________________ Educador:________________ Data:____________

	Pote 1:_______					**Pote 2:_______**					**Pote 3:_______**				
Tentativas	**1**	**2**	**3**	**4**	**5**	**1**	**2**	**3**	**4**	**5**	**1**	**2**	**3**	**4**	**5**
Acertos															

Acertos:____________

V - ACERTOU	**X -ACERTOU COM AJUDA OU ERROU**

FIGURA 96 - PROTOCOLO CERTO/ERRADO DO PROGRAMA 5.2 EMPARELHAR OBJETOS

FIGURA 97 – ATIVIDADES DO PROGRAMA 5.2 EMPARELHAR OBJETOS

9.4 EMPARELHAR FIGURAS (5.3)

O objetivo do emparelhamento com figuras é similar ao do emparelhamento com objetos, porém aqui as atividades serão realizadas com figuras e com palavras impressas (nesse texto as palavras impressas serão chamadas genericamente de figuras). O educador precisará construir as atividades para esse programa, conforme exemplos das Figuras 98, 99 e 100.

Os materiais a serem utilizados para a confecção das atividades são: fichas de papel cartão na cor branca (páginas) de 21 cm x 30 cm, figuras e velcro. O programa é composto por três fases de ensino e pra cada uma delas deverão ser construídas três atividades (Atividades 1, 2 e 3), totalizando nove atividades: três de figuras idênticas de formatos diferentes (Fase 1, Figura 98), três de figuras idênticas de mesmo formato (Fase 2, Figuras 99) e três de palavras impressas (Fase 3, Figura 100).

O material pode ser apresentado em um fichário, organizando-se as três atividades de cada fase na sequência, uma após a outra; para passar de uma atividade para a outra basta virar a página do fichário. Cada atividade apresenta cinco figuras fixas na página da direita e o mesmo número de figuras móveis, que têm velcro na parte de trás e são apresentadas presas ao velcro na página da esquerda; cada figura da esquerda pode ser removida e pregada sobre uma das figuras da página da direita, que tem pequenos pedaços de velcro expostos na parte superior e inferior. Para realizar a atividade, o aprendiz deve pegar cada uma das figuras na página da esquerda e colocar sobre uma figura idêntica, na página da direita.

Nesse programa será empregado um "Protocolo certo/errado" para o registro das atividades de ensino (Figura 101). Utilize uma pasta de papel (com grampo) para organizar os seus registros. No protocolo desse programa, abaixo do título, há a descrição dos procedimentos de ensino e abaixo da descrição desses procedimentos há a discriminação de três fases de ensino (o educador deve marcar um X na fase correspondente à que está sendo ensinada) que serão apresentadas a seguir:

1. Figuras idênticas de formato diferente (Figura 98): consiste em ensinar a criança a relacionar figuras iguais, tendo como dica o formato das figuras. Na atividade utilizada, as figuras são diferentes em relação ao estímulo impresso, mas também em relação ao formato. O aprendiz deve pegar cada figura móvel, que está à esquerda no fichário, e colocá-la sobre a figura idêntica que está à direita. O educador deve auxiliar fisicamente quando o aprendiz não for capaz de emparelhar corretamente as figuras. As ajudas físicas devem ser retiradas gradativamente. Quando a criança for capaz de emparelhar todas as figuras corretamente, por três dias seguidos, sem o auxílio do educador, é possível passar para a fase seguinte.

2. Figuras idênticas de mesmo formato (Figura 99): consiste em ensinar a criança a relacionar figuras iguais e de mesmo formato. Na atividade utilizada, as figuras são diferentes apenas em relação ao estímulo impresso e não há a dica do formato diferenciado. O aprendiz deve pegar cada figura móvel, que está à esquerda no fichário, e colocá-la sobre a figura idêntica que está à direita. O educador deve auxiliar fisicamente quando o aprendiz não for capaz de emparelhar corretamente as figuras. As ajudas físicas devem ser retiradas gradativamente. Quando a criança for capaz de emparelhar todas as figuras corretamente, por três dias seguidos, sem o auxílio do educador, é possível passar para a fase seguinte.

3. Palavras impressas (Figura 100): consiste em ensinar a criança a relacionar palavras impressas iguais. O aprendiz deve pegar cada palavra móvel, que está à esquerda no fichário, e colocá-la sobre a palavra idêntica que está à direita. O educador deve auxiliar fisicamente quando o aprendiz não for capaz de emparelhar corretamente as palavras. As ajudas físicas devem ser retiradas gradativamente. Quando a criança for capaz de emparelhar todas as palavras corretamente, por três dias seguidos, sem o auxílio do educador, é possível finalizar esse programa de ensino. Elabore o material com palavras de mesmo tamanho para evitar que o aprendiz fique atento à diferença de tamanho entre as palavras e não à grafia das palavras.

Ainda em relação ao protocolo, o educador deve preencher os dados da criança, os dados dele e a data da realização das atividades. Cada retângulo deve ser utilizado para um dia de tarefa. O retângulo é composto por três linhas e quatro grandes colunas (subdivididas); a primeira coluna já está escrita (tentativas e acertos) e as demais apresentam espaços em branco para preenchimento do educador. Na primeira linha das colunas seguintes está escrito "Atividade 1", "Atividade 2" e "Atividade 3". A segunda linha indica que para cada atividade serão emparelhadas cinco figuras ("Tentativas"). Na terceira linha, o educador vai escrever o desempenho da criança para cada figura; V para acertos e X para erros ou respostas com ajuda. As respostas são consideradas corretas quando a criança coloca cada figura da esquerda em cima da figura idêntica da direita sem auxílio do educador.

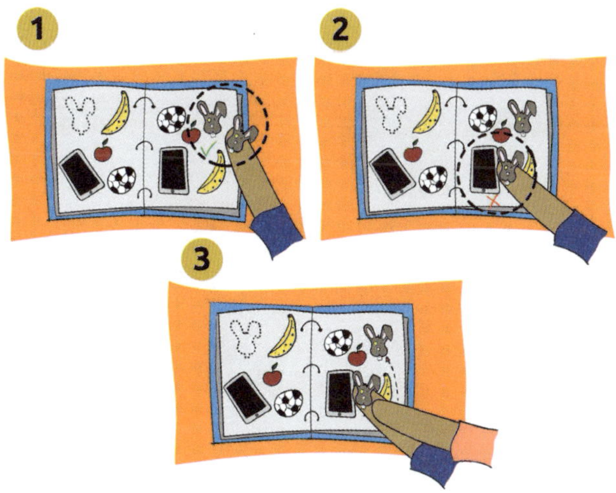

FIGURA 98 - EXEMPLO DE ATIVIDADE DA FASE 1 DO PROGRAMA 5.3 EMPARELHAR FIGURAS
1- Resposta correta; 2- Resposta incorreta; 3- Procedimento de ajuda/correção.

FIGURA 99 - EXEMPLO DE ATIVIDADE DA FASE 2 DO PROGRAMA 5.3 EMPARELHAR FIGURAS
1- Resposta correta; 2- Resposta incorreta; 3- Procedimento de ajuda/correção.

FIGURA 100 - EXEMPLO DE ATIVIDADE DA FASE 3 DO PROGRAMA 5.3 EMPARELHAR FIGURAS
1- Resposta correta; 2- Resposta incorreta; 3- Procedimento de ajuda/correção.

5.3 EMPARELHAR FIGURAS

Procedimento: Apresente a atividade organizada em um fichário. Peça ao aprendiz para pegar cada uma das figuras na página da esquerda e colocar sobre a figura idêntica, na página da direita. Quando o aprendiz não conseguir emparelhar ou emparelhar as figuras de forma incorreta, auxilie fisicamente na correção. Quando o aprendiz acertar elogie ou ofereça a ele algo que gosta. Diminua as ajudas gradativamente.

Fases: 1. ( ) Figuras idênticas de formato diferente; 2. ( ) Figuras idênticas de mesmo formato; 3. ( ) Palavras impressas

Aprendiz:________________ Educador:________________ Data:____________

	Atividade 1:______					**Atividade 2:______**					**Atividade 3:______**				
Tentativas	**1**	**2**	**3**	**4**	**5**	**1**	**2**	**3**	**4**	**5**	**1**	**2**	**3**	**4**	**5**
Acertos															

Acertos:____________

Aprendiz:________________ Educador:________________ Data:____________

	Atividade 1:______					**Atividade 2:______**					**Atividade 3:______**				
Tentativas	**1**	**2**	**3**	**4**	**5**	**1**	**2**	**3**	**4**	**5**	**1**	**2**	**3**	**4**	**5**
Acertos															

Acertos:____________

Aprendiz:________________ Educador:________________ Data:____________

	Atividade 1:______					**Atividade 2:______**					**Atividade 3:______**				
Tentativas	**1**	**2**	**3**	**4**	**5**	**1**	**2**	**3**	**4**	**5**	**1**	**2**	**3**	**4**	**5**
Acertos															

Acertos:____________

Aprendiz:________________ Educador:________________ Data:____________

	Atividade 1:______					**Atividade 2:______**					**Atividade 3:______**				
Tentativas	**1**	**2**	**3**	**4**	**5**	**1**	**2**	**3**	**4**	**5**	**1**	**2**	**3**	**4**	**5**
Acertos															

Acertos:____________

Aprendiz:________________ Educador:________________ Data:____________

	Atividade 1:______					**Atividade 2:______**					**Atividade 3:______**				
Tentativas	**1**	**2**	**3**	**4**	**5**	**1**	**2**	**3**	**4**	**5**	**1**	**2**	**3**	**4**	**5**
Acertos															

Acertos:____________

Aprendiz:________________ Educador:________________ Data:____________

	Atividade 1:______					**Atividade 2:______**					**Atividade 3:______**				
Tentativas	**1**	**2**	**3**	**4**	**5**	**1**	**2**	**3**	**4**	**5**	**1**	**2**	**3**	**4**	**5**
Acertos															

Acertos:____________

V – ACERTOU	**X – ACERTOU COM AJUDA OU ERROU**

FIGURA 101 - PROTOCOLO CERTO/ERRADO DO PROGRAMA 5.3 EMPARELHAR FIGURAS

9.5 EMPARELHAR OBJETOS E FIGURAS (5.4)

O objetivo geral desse programa é o mesmo do emparelhamento com objetos e com figuras, porém aqui os emparelhamentos serão realizados entre objetos e figuras, ou seja, a criança aprenderá a relacionar cada objeto com sua respectiva figura, assim como o inverso. Para essa atividade, você precisará de velcro, potes transparentes (tipo vasilhas plásticas utilizadas para guardar alimentos), objetos e figuras (ou fotos) desses objetos. A organização da atividade está ilustrada nas Figuras 102 e 103.

Há duas maneiras de apresentar as atividades: 1) as figuras estarão presas aos potes (utilize velcro), os objetos estarão sobre a mesa e a função do aprendiz será colocar cada objeto no pote correspondente, tendo a figura como referência (Tipo 1, Figura 102); 2) cada pote tem um objeto dentro, as figuras estarão sobre a mesa e a função do aprendiz é prender cada figura ao velcro do pote correspondente, tendo o objeto como referência (Tipo 2, Figura 103). Os dois tipos de atividade devem ser ensinados simultaneamente.

O protocolo utilizado para o registro das atividades é do tipo certo/errado (Figura 104). Utilize duas pastas de papel (com grampo) para organizar os seus registros; uma para a atividade de Tipo 1 e outra para o Tipo 2. O mesmo modelo de protocolo será usado para os dois tipos de atividade, por isso o educador deve marcar em "Procedimentos" qual o tipo de emparelhamento que está sendo realizado. O educador deve preencher os dados da criança, os dados dele e a data da atividade. Cada retângulo deve ser utilizado para um dia de atividade. O retângulo é composto por três linhas e 11 colunas; a primeira coluna já está escrita (objetos, tentativas e acertos) e as demais estão com espaços em branco para preenchimento do educador (exceto pelos números 1 e 2, referentes ao número de tentativas que serão realizadas). Na primeira linha, o educador deve preencher o nome dos itens (ex.: pato, bola e carro) que estão sendo utilizados na atividade. A segunda linha indica que para cada item serão realizadas duas tentativas, ou seja, o educador vai organizar duas oportunidades de relação entre figura e objeto para cada item. Na terceira linha, o educador vai escrever V para acertos da criança e X para erros ou respostas com ajuda. As respostas são consideradas corretas quando a criança relacionar figuras e objetos correspondentes.

O educador pode começar a atividade com apenas dois itens e ir aumentando gradativamente até o máximo de 10 itens. Quando o aprendiz tiver 10 itens no protocolo certo/errado e for capaz de emparelhar todos eles corretamente, por três dias seguidos, sem o auxílio do educador, é possível finalizar esse programa de ensino. O critério é para cada tipo de atividade; se a criança atingir o critério em um tipo de atividade, mas não em outro, encerra-se apenas a atividade na qual o critério foi alcançado e a outra atividade continua sendo realizada com a criança.

FIGURA 102 - EXEMPLO DE ATIVIDADE DO TIPO 1 DO PROGRAMA 5.4 EMPARELHAR OBJETOS E FIGURAS
1- Resposta correta; 2- Resposta incorreta; 3- Procedimento de ajuda/correção.

FIGURA 103 - EXEMPLO DE ATIVIDADE DO TIPO 2 DO PROGRAMA 5.4 EMPARELHAR OBJETOS E FIGURAS
1- Resposta correta; 2- Resposta incorreta; 3- Procedimento de ajuda/correção.

5.4 EMPARELHAR OBJETOS E FIGURAS

Procedimento: Organize os potes sobre a mesa de acordo com o tipo de atividade. **1. Figura-objeto:** preso a cada pote deve haver uma figura para indicar ao aprendiz em qual pote ele deverá colocar os objetos. **2. Objeto-figura:** dentro de cada pote deve haver um objeto para indicar ao aprendiz em qual pote ele deverá prender as figuras. Auxilie fisicamente na correção quando o aprendiz não conseguir emparelhar ou emparelhar de forma incorreta. Quando o aprendiz acertar elogie ou ofereça a ele algo que gosta. Diminua as ajudas gradativamente.

Tipos: 1. ( ) Figura-Objeto; 2. ( ) Objeto-Figura

Aprendiz:____________________ Educador:________________ Data:_______________

Objetos/Figuras																				
Tentativas	1	2	1	2	1	2	1	2	1	2	1	2	1	2	1	2	1	2	1	2
Acertos																				

Acertos:_______________

Aprendiz:____________________ Educador:________________ Data:_______________

Objetos/Figuras																				
Tentativas	1	2	1	2	1	2	1	2	1	2	1	2	1	2	1	2	1	2	1	2
Acertos																				

Acertos:_______________

Aprendiz:____________________ Educador:________________ Data:_______________

Objetos/Figuras																				
Tentativas	1	2	1	2	1	2	1	2	1	2	1	2	1	2	1	2	1	2	1	2
Acertos																				

Acertos:_______________

Aprendiz:____________________ Educador:________________ Data:_______________

Objetos/Figuras																				
Tentativas	1	2	1	2	1	2	1	2	1	2	1	2	1	2	1	2	1	2	1	2
Acertos																				

Acertos:_______________

Aprendiz:____________________ Educador:________________ Data:_______________

Objetos/Figuras																				
Tentativas	1	2	1	2	1	2	1	2	1	2	1	2	1	2	1	2	1	2	1	2
Acertos																				

Acertos:_______________

Aprendiz:____________________ Educador:________________ Data:_______________

Objetos/Figuras																				
Tentativas	1	2	1	2	1	2	1	2	1	2	1	2	1	2	1	2	1	2	1	2
Acertos																				

Acertos:_______________

V - ACERTOU	X - ACERTOU COM AJUDA OU ERROU

FIGURA 104 - PROTOCOLO CERTO/ERRADO DO PROGRAMA 5.4 EMPARELHAR OBJETOS E FIGURAS

9.6 USAR O LÁPIS (5.5) E USAR A TESOURA (5.6)

Nesses programas não há um procedimento padrão para a realização da atividade. O objetivo aqui é que a criança se habitue ao uso do lápis e da tesoura. As atividades são livres e devem ocorrer em tom de brincadeira (Figura 105). Brinquedos ou materiais que requerem o uso de lápis, canetinha ou giz de cera devem ser utilizados. Tesouras adaptadas, que facilitam o recortar, também podem ser utilizadas.

O protocolo de registro utilizado nesses programas (Figura 106 e 107) é bem diferente dos protocolos apresentados no Capítulo 4: ele permite uma descrição qualitativa das atividades realizadas. O educador anota a data da realização das atividades e na sequência pode anotar quais materiais utilizou, como foi o desempenho da criança e por quanto tempo ela ficou em atividade. Utilize uma pasta de papel (com grampo) para organizar seus registros; uma pasta para cada programa de ensino. O programa pode ser finalizado quando a criança for capaz de usar o lápis de maneira independente e recortar livre sem o auxílio do educador.

FIGURA 105 - ATIVIDADES DOS PROGRAMAS 5.5 USAR O LÁPIS E 5.6 USAR A TESOURA

5.5 USO DO LÁPIS

Procedimento: O objetivo desse programa é que a criança se habitue ao uso do lápis. As atividades têm que ser realizadas com o aprendiz sentado à mesa. Brinquedos ou materiais que requerem o uso de lápis, canetinha ou giz de cera podem ser utilizados. Caso o aprendiz não consiga realizar as atividades dê ajuda e elogie (ou ofereça a ele algo que gosta) quando ele fizer. Retire as ajudas gradativamente. Anote a data, o material utilizado, o comportamento do aprendiz e a duração da atividade.

Aprendiz:______________________________ Educador:___________________________

DATA	MATERIAL	DESEMPENHO	TEMPO

FIGURA 106 - PROTOCOLO DO PROGRAMA 5.5 USAR O LÁPIS

5.6 USO DA TESOURA

Procedimento: O objetivo desse programa é que a criança se habitue ao uso da tesoura. As atividades têm que ser realizadas com o aprendiz sentado à mesa. Tesouras adaptadas, que facilitam o recortar, podem ser utilizadas. Caso o aprendiz não consiga realizar as atividades dê ajuda e elogie (ou ofereça a ele algo que gosta) quando ele fizer. Retire as ajudas gradativamente. Anote a data, o material utilizado, o comportamento do aprendiz e a duração da atividade.

Aprendiz:________________________________ Educador:______________________________

DATA	MATERIAL	DESEMPENHO	TEMPO

FIGURA 107 - PROTOCOLO DO PROGRAMA 5.6 USAR A TESOURA

USO DO MANUAL POR CUIDADORES DE CRIANÇAS COM AUTISMO: ESTUDOS DE CASO

Neste capítulo serão apresentados dois casos que ilustram o uso dos recursos deste manual para o ensino de habilidades básicas, no contexto da Intervenção Comportamental Intensiva. As crianças foram acompanhadas pelo CEI entre os anos de 2013 e 2015 e os dados a serem descritos são referentes ao primeiro ano de intervenção intensiva (após o primeiro ano as crianças continuaram em acompanhamento).

As atividades foram realizadas predominantemente por cuidadores das crianças (mãe e estudante de Pedagogia), em ambiente domiciliar, com orientação e supervisão de um profissional de Psicologia e outro de Terapia Ocupacional. O profissional de psicologia orientava o ensino das habilidades básicas descritas nesse livro e o de terapia ocupacional orientava o ensino das habilidades de autocuidados (descritas no nosso livro *Ensino de Habilidades de Autocuidados para Pessoas com Autismo*).

Após a primeira edição do livro, foram publicados quatro artigos científicos que descreveram a efetividade da aplicação dos procedimentos para o ensino de habilidades básicas descritos aqui. Sugerimos que você também leia os artigos.

10.1 PROCEDIMENTOS ADOTADOS PELO CEI

A intervenção, orientada e supervisionada por profissionais de Psicologia e Terapia Ocupacional, ocorreu na residência das crianças com autismo. Porém, antes da intervenção as crianças foram avaliadas pelos seguintes instrumentos:

1. Inventário Portage Operacionalizado (IPO): avalia o padrão de desenvolvimento infantil em cinco áreas: linguagem, socialização, desenvolvimento motor, cognição e autocuidados, em períodos de idade que vão de 0 a 6 anos. Não é um instrumento destinado a avaliar especificamente o desenvolvimento de crianças com autismo, mas avalia o desenvolvimento de qualquer criança, independente do diagnóstico. O inventário foi adaptado e operacionalizado para a população brasileira.

2. Psychoeducational Profile-Revised (PEP-R): avalia tanto o atraso no desenvolvimento como comportamentos típicos de autismo e oferece informações sobre sete áreas na Escala de Desenvolvimento: imitação, percepção, coordenação motora fina, coordenação motora grossa, integração olho mão, desenvolvimento cognitivo e cognitivo verbal, além de quatro áreas na Escala de Comportamento: linguagem, relacionamento e afeto, respostas sensoriais e interesses por materiais. Pode ser utilizado com crianças de 6 meses a 12 anos de idade. Foi adaptado e validado para a população brasileira .

Após o término da avaliação, os responsáveis pelas crianças participaram de uma reunião com as diretoras do CEI (uma reunião para cada família, em momentos distintos) na qual receberam um relatório impresso com os resultados da avaliação e explicações gerais a respeito da intervenção domiciliar. Essa conversa consistiu basicamente em explicar aos pais como estava o desenvolvimento da criança, o que deveria ser feito e combinar com eles quando e como aconteceriam as orientações dos profissionais especializados aos cuidadores.

Na sequência iniciou-se a intervenção domiciliar, enfocando um cuidador principal para cada criança. Um plano de ação para a introdução dos programas de ensino foi traçado, tendo como referência o Currículo de Habilidades Básicas, a rota descrita no Capítulo 3, os resultados da avaliação do desenvolvimento e também o perfil de cada família (interesses, demandas, dificuldades e facilidades).

A função dos profissionais especializados era de ensinar os cuidadores a realizar as atividades com as crianças com autismo e a fazer os registros nos protocolos apresentados neste livro. Os profissionais mantinham o foco na qualidade da execução das atividades, na qualidade dos registros dos cuidadores e na quantidade de atividades realizadas, para garantir que a intervenção ocorresse de maneira intensiva e criteriosa.

Nenhuma capacitação teórica foi realizada com os cuidadores, apenas orientações práticas e didáticas, com o uso mínimo de termos técnicos. Mais de um programa de ensino do Currículo de Habilidades Básicas era inserido simultaneamente, dependendo da disponibilidade dos cuidadores e das crianças. Todas as atividades de autocuidados foram ensinadas simultaneamente.

Aproximadamente 12 meses após a avaliação inicial as crianças foram reavaliadas por meio dos mesmos instrumentos utilizados na primeira avaliação. A seguir serão descritos os resultados da aplicação com duas crianças e para garantir o sigilo serão utilizados nomes fictícios.

10.2 CASO LAURA

10.2.1 PERFIL DA CRIANÇA

Laura chegou ao CEI com 2 anos e 10 meses e não falava. Foi diagnosticada com autismo com 1 ano e 9 meses por psiquiatra infantil especializado, independente do CEI. Na época do diagnóstico, a família chegou a entrar em contato com o CEI, porém ficou receosa em relação à intervenção comportamental. Aproximadamente um ano depois a família retomou o contato e iniciou-se o acompanhamento da criança.

Laura era filha única, frequentava uma escola comum em período integral e os pais, ambos com formação em nível superior, trabalhavam fora de casa em período integral (horário comercial). A criança não utilizava medicação e fazia uma sessão semanal (duração média de 50 minutos) de terapia ocupacional com foco em integração sensorial, uma de fonoaudiologia e uma de psicologia (não comportamental). Além disso, fazia dieta com restrição de glúten e lactose por opção da família.

10.2.2 AVALIAÇÕES DO DESENVOLVIMENTO

A criança chegou com muitos problemas de comportamento. Na primeira sessão de atendimento, destinada a conhecer a criança (sem avaliações formais, só observação e conversa com os pais), observou-se baixa tolerância à frustração, alta frequência de choro e birras, resistência ao contato social, sensibilidade extrema a barulhos (ex.: sons de passarinhos, barulho do talher encostando no prato), alta frequência do comportamento de levar a boca itens não comestíveis, agitação motora, muitas manias (ex.: sempre calçava o sapato esquerdo antes do direito), estereotipias e resistência a vestir e a permanecer de roupa.

A avaliação foi realizada por uma psicóloga e por uma terapeuta ocupacional. Foram utilizados o PEP-R e o IPO. O PEP-R foi aplicado em uma sala do CEI com poucos estímulos e o IPO foi aplicado na residência da criança, a partir da observação do comportamento dela e do relato dos pais. Dessa maneira, tinham-se duas medidas: uma em ambiente controlado e outra em ambiente natural. Foram necessárias duas semanas para a aplicação das avaliações, contabilização dos dados e realização do relatório.

Os resultados indicaram atraso importante no desenvolvimento: o IPO indicou atraso em todas as áreas exceto em desenvolvimento motor e o PEP-R indicou atraso em todas as áreas sem distinção. De acordo com o PEP-R, o desempenho da criança era compatível com 1 ano e 4 meses (18 meses de atraso) e no IPO era compatível com 8 meses (26 meses de atraso).

10.2.3 ENSINO DE HABILIDADES BÁSICAS

As atividades eram realizadas pela mãe (com grande participação do pai) na residência da criança. Uma vez por semana um profissional de psicologia ia à casa de Laura para ensinar a mãe como ela deveria fazer as atividades, registrar, mudar e manter as habilidades aprendidas. O profissional ficava na casa da criança por aproximadamente 50 minutos. Geralmente a mãe realizava as atividades com Laura de segunda a sexta após as 18h e elas se estendiam até às 20h. Estima-se que o tempo total de estimulação foi de 10 horas semanais de ensino de habilidades básicas, além de 5 horas de atividades de autocuidados, totalizando 15 horas de estimulação semanal.

A Figura 108 apresenta a sequência de introdução dos programas de ensino e os meses de realização de cada um deles. As avaliações foram aplicadas em abril de 2014 e em abril de 2015. Nesse período foram realizados 14 programas de ensino: quatro de Habilidades de Atenção, quatro de Habilidades de Imitação, dois de Habilidades de Linguagem Receptiva, dois de Habilidades de Linguagem Expressiva e dois de Habilidades Pré-Acadêmicas.

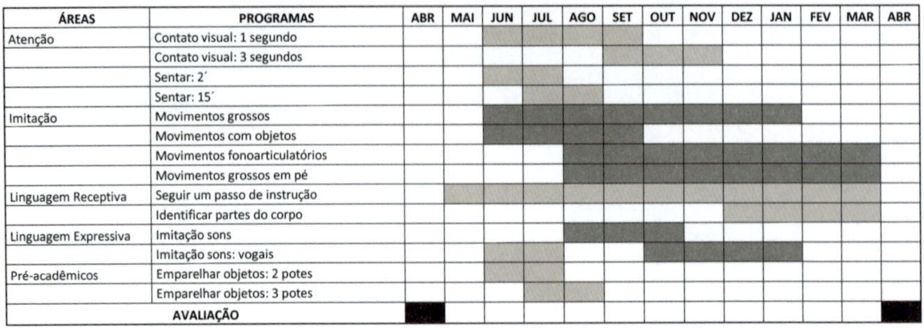

FIGURA 108 - PROGRAMAS DE ENSINO DE LAURA POR MESES DE ACOMPANHAMENTO

10.2.4 RESULTADOS

As Tabelas 1 e 2 apresentam os resultados de Laura na avaliação inicial (pré) e final (pós) no PEP-R e no IPO. Nessas tabelas estão: a pontuação obtida pela criança em cada área do teste, a interpretação da pontuação obtida em meses (ex.: na Tabela 1 consta que a criança fez 1 ponto em imitação na avaliação inicial e esse desempenho é esperado para uma criança de 8 meses) e a diferença entre a avaliação final e a inicial em meses (ex.: na Tabela 1 consta que em imitação a criança tinha um desempenho compatível com 8 meses na avaliação inicial e 2 anos na avaliação final e a diferença entre esses valores indica que ela ganhou 16 meses no desenvolvimento).

No PEP-R a criança apresentou ganhos em quase todas as áreas, exceto em "desempenho cognitivo verbal" (que envolve basicamente habilidades que exigem fala). Ganhos mais expressivos foram observados em "imitação", "percepção" e "integração olho-mão". A Pontuação do Desenvolvimento (soma de todas as áreas) indicou ganho de 5 meses em 11 meses de intervenção.

No IPO a criança apresentou ganhos em todas as áreas do desenvolvimento. Ganhos mais expressivos foram observados em "cognição" e "socialização". A Pontuação Global do Desenvolvimento (soma de todas as áreas) indicou ganho de 11 meses em 11 meses de intervenção.

A Figura 109 apresenta os ganhos de Laura em meses por áreas do desenvolvimento no PEP-R e no IPO. A linha tracejada indica o que era esperado para 11 meses de intervenção. Observe que no PEP-R a criança conseguiu ganhos próximos ou acima de 11 meses em "imitação", "percepção" e "integração olho-mão". No IPO esses ganhos aconteceram em "cognição" e "socialização".

De maneira geral, para o primeiro ano de intervenção avalia-se que a criança obteve ganhos importantes no desenvolvimento, especialmente pelos problemas de comportamento que inicialmente atrapalharam a realização das atividades. Após a avaliação final, a criança continuou em intervenção intensiva realizada pela mãe, dando continuidade ao ensino das habilidades básicas. Oito meses após a última avaliação Laura é capaz de nomear pessoas, figuras, objetos, ações, números, letras e algumas sílabas. Além disso, usa palavras para fazer pedidos e começou a juntar duas palavras para falar frases como "empresta celular". Os problemas de comportamento e as manias diminuíram significativamente; o choro, birras e gritos gradativamente vão dando lugar para a fala com função comunicativa.

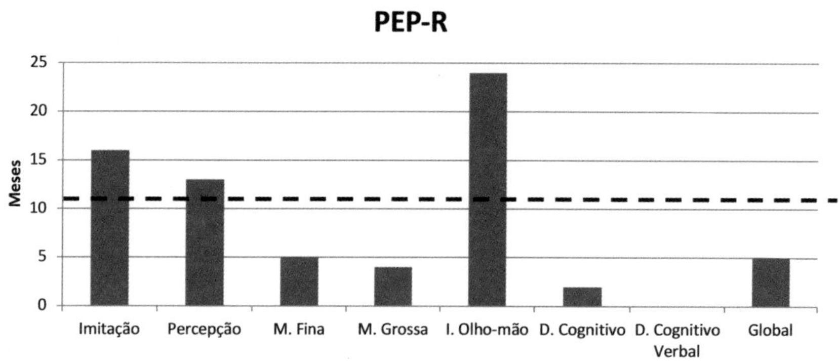

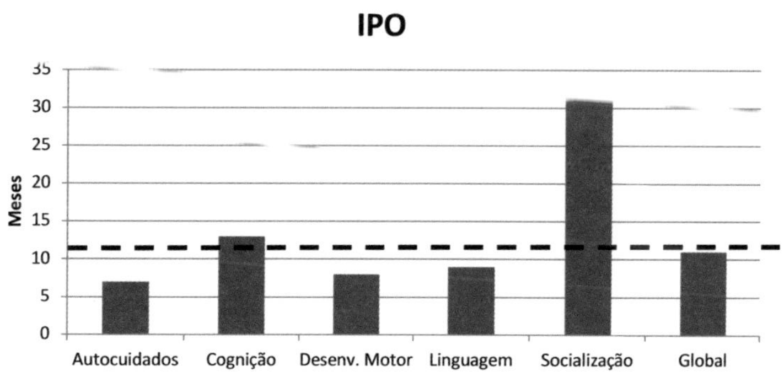

FIGURA 109 - GANHOS DE LAURA EM MESES (POR ÁREAS DO DESENVOLVIMENTO) NO PEP-R E NO IPO

TABELAS 1 E 2 - RESULTADOS DE LAURA NA AVALIAÇÃO INICIAL (PRÉ) E FINAL (PÓS) NO PEP-R E NO IPO

Tabela 1: Desempenho de Laura por Áreas do Desenvolvimento no PEP-R: Imitação, Percepção, Motor Fina, Motora Grossa, Integração Olho-Mão, Desempenho Cognitivo, Desempenho Cognitivo-Verbal e Pontuação do Desenvolvimento.

PEP -R	Imitação		Percepção		M. Fina		M.Grossa		I. Olho-mão		D. Cognitivo		D. C. Verbal		P. Desenvolvimento	
	Pré	Pós	Pré	Pós	Pré	Pós	Pré	Pós	Pré	Pós	Pré	Pós	Pré	Pós	Pré	Pós
Pontuação	1	8	7	10	5	7	9	11	1	7	1	2	1	1	26	46
Interpretação	8m	2a	1a 6m	2a 7m	1a 5m	1a 10m	1a 6m	1a 10m	1a	3a	9m	11m	1a 6m	1a 6m	1a 4m	1a 9m
Diferença	16m		13m		5m		4m		24m		2m		0m		5m	

Tabela 2: Desempenho de Laura por Áreas do Desenvolvimento no IPO: Autocuidados, Cognição, Desenvolvimento Motor, Linguagem, Socialização e Global

IPO	Autocuidados		Cognição		D. Motor		Linguagem		Socialização		Global	
	Pré	Pós	Pré	Pós	Pré	Pós	Pré	Pós	Pré	Pós	Pré	Pós
Pontuação	17	27	13	33	71	83	1	11	13	47	115	201
Interpretação	1a 4m	1a 11m	1a 3m	2a 4m	2a 6m	3a 2m	1m	10m	1m	2a 8m	8 m	1a 7m
Diferença	7m		13m		8m		9m		31m		11m	

10.3 CASO JOÃO

10.3.1 PERFIL DA CRIANÇA

João morava em uma cidade localizada a 400 km da sede do CEI e começou a ser acompanhado por essa instituição aos 5 anos e 3 meses de idade. Ele foi diagnosticado com autismo com 1 ano e 11 meses, por psiquiatra infantil especializado, independente do CEI. Desde o diagnóstico a criança vinha sendo acompanhado por profissionais especializados e quando a família procurou o CEI a criança fazia sessões semanais de fonoaudiologia e de fisioterapia. Além disso, uma estudante de Pedagogia fazia atividades com ele, quatro horas por dia, cinco vezes por semana, com orientação de um analista do comportamento independente do CEI.

João era filho único, frequentava uma escola comum em período parcial (no contraturno ficava em casa fazendo atividades com a estudante) e os pais, ambos com formação em nível superior, trabalhavam fora de casa em período integral. A criança não utilizava medicação e fazia dieta com restrição de glúten, caseína, açúcares e corantes artificiais, por opção da família.

10.3.2 AVALIAÇÕES DO DESENVOLVIMENTO

A criança morava distante da sede do CEI e por esse motivo duas profissionais da equipe, uma psicóloga e uma terapeuta ocupacional, se deslocaram para a cidade da criança. Dessa maneira, a avaliação inicial e as orientações iniciais foram realizadas na residência da criança.

Quando as profissionais chegaram pela primeira vez à casa de João, imediatamente ele olhou-as nos olhos, aproximou-se, deu beijos e abraços A criança não falava, era capaz de imitar poucos sons, fazia pedidos apontando ou entregando figuras de itens desejados, atendia às instruções simples, tinha um bom comportamento social e permanecia sentado para fazer atividades. Porém apresentava dificuldades em manter a atenção nas tarefas e muitas estereotipias motoras e vocais.

Para a avaliação foram utilizados o PEP-R e o IPO. O PEP-R foi aplicado em um quarto com poucos estímulos da casa da criança e o IPO foi aplicado em vários locais da casa, por meio da observação do comportamento da criança e dos relatos da mãe, da babá e da estudante que o acompanhava. Dessa maneira, tinham-se duas medidas: uma em ambiente controlado, com o direcionamento das atividades pelas terapeutas, e outra em ambiente natural, sem o direcionamento das atividades. Foram necessárias cinco horas consecutivas para a aplicação das avaliações, contabilização dos dados e realização do relatório.

Os resultados indicaram atraso em todas as áreas do desenvolvimento, tanto no IPO quanto no PEP-R. De acordo com o PEP-R, o desempenho da criança era compatível com 2 anos (3 anos e 3 meses de

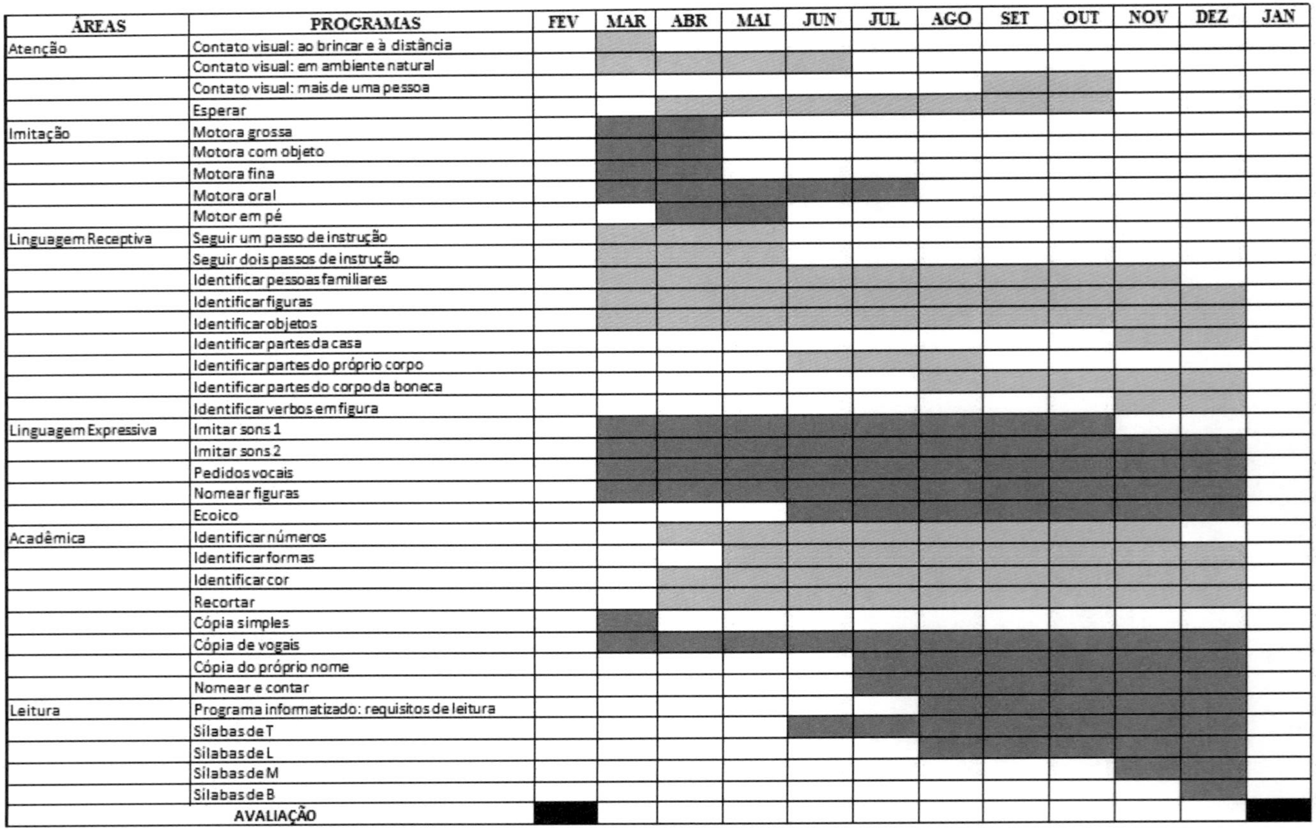

FIGURA 110 – PROGRAMAS DE ENSINO DE JOÃO POR MESES DE ACOMPANHAMENTO atraso) e no IPO era compatível com 1 ano e 8 meses (3 anos e 7 meses de atraso).

10.3.3 ENSINO DE HABILIDADES BÁSICAS

A distância entre a residência da criança e a sede do CEI inviabilizava a realização de orientações semanais promovidas pelos profissionais especializados dessa instituição. Nesse contexto, a alternativa encontrada foi ensinar, em uma única sessão, como os cuidadores fariam as atividades, os registros, colocariam e retirariam os programas de ensino. Essa sessão teve duração de oito horas consecutivas; quatro para capacitar a estudante que ficou responsável pela realização das atividades para o ensino de habilidades básicas e outras quatro para capacitar a babá que ficou responsável pelo ensino das habilidades de autocuidados. Posteriormente, sessões de supervisão eram realizadas quinzenalmente, por telefone, entre a psicóloga do CEI e a estudante que acompanhava a criança.

As atividades para o ensino de habilidades básicas eram realizadas quatro horas por dia, cinco vezes por semana. Estima-se que o tempo total de estimulação tenha sido de 20 horas semanais de ensino de habilidades básicas, além de 5 horas de atividades de autocuidados, totalizando 25 horas de estimulação semanal.

A Figura 110 apresenta a sequência de introdução dos programas de ensino e os meses de realização de cada um deles. As avaliações foram aplicadas em fevereiro de 2013 e em janeiro de 2014. Nesse período foram realizados 36 programas de ensino: quatro de Habilidades de Atenção, cinco de Habilidades de Imitação, nove de Habilidades de Linguagem Receptiva; e cinco de Habilidades de Linguagem Expressiva. João estava aprendendo rapidamente as habilidades básicas e começou a apresentar demandas relacionadas à aprendizagem de conteúdos escolares, por isso foram iniciados oito programas de ensino nas áreas acadêmicas e cinco especificamente para o ensino de leitura .

10.3.4 RESULTADOS

As Tabelas 3 e 4 apresentam os resultados de João na avaliação inicial (pré) e final (pós) no PEP-R e no IPO. Nessas tabelas estão: a pontuação obtida pela criança em cada área do teste, a interpretação da pontuação obtida em meses (ex.: na Tabela 3 consta que a criança fez 6 pontos em imitação na avaliação inicial e esse desempenho é esperado para uma criança de 1 ano e 7 meses) e a diferença entre a avaliação final e a inicial em meses (ex.: na Tabela 1 consta que em imitação a criança tinha um desempenho compatível com 1 ano e 7 meses na avaliação inicial e 3 anos e 4 meses na avaliação final e a diferença entre esses valores indica que ela ganhou 21 meses no desenvolvimento).

No PEP-R a criança apresentou ganhos em todas as áreas. Ganhos mais expressivos foram observados em "imitação", "coordenação motora fina", "coordenação motora grossa", "integração olho-mão" e "desenvolvimento cognitivo". A Pontuação do Desenvolvimento (soma de todas as áreas) indicou ganho de 18 meses em 10 meses de intervenção.

No IPO a criança apresentou ganhos em todas as áreas do desenvolvimento. Ganhos mais expressivos foram observados em "autocuidados", "cognição", "desenvolvimento motor" e "socialização". A Pontuação Global do Desenvolvimento (soma de todas as áreas) indicou ganho de 21 meses em 10 meses de intervenção.

A Figura 111 apresenta os ganhos de João, em meses, por áreas do desenvolvimento no PEP-R e no IPO. A linha tracejada indica o que era esperado para 10 meses de intervenção. Observe que no PEP-R a criança conseguiu ganhos próximos ou acima de 10 meses na maioria das áreas, exceto em "percepção" e em "integração olho-mão". No IPO esses ganhos aconteceram em todas as áreas.

Avalia-se que a criança obteve ganhos bastante robustos nos 10 meses de Intervenção Comportamental Intensiva. O maior ganho foi em relação ao desenvolvimento da fala. Após a avaliação final a criança continuou em intervenção intensiva por mais um ano (entre início de 2014 e início de 2015) com o foco no ensino de habilidades de leitura, escrita, matemática e na melhora da fala (fala espontânea, estruturação de frases, responder a perguntas e aumentar as habilidades para diálogo). No início de 2015, a intervenção intensiva foi suspensa, pois João estava com o desenvolvimento muito próximo ao que era esperado para a idade cronológica, exceto pela pouca fluência na fala. A partir daí o acompanhamento passou a focar no desempenho da criança na escola, para que ela pudesse interagir com os colegas e acompanhar as atividades da turma. Além disso, as atividades realizadas na casa da criança passaram a ter o objetivo de melhorar o desempenho da criança no "dever de casa", enviado pela escola. A criança continuou em acompanhamento fonoaudiológico e com suporte escolar.

TABELA 3 – DESEMPENHO DE JOÃO POR ÁREAS DO DESENVOLVIMENTO NO PEP-R: IMITAÇÃO, PERCEPÇÃO, MOTOR FINA, MOTORA GROSSA, INTEGRAÇÃO OLHO-MÃO, DESEMPENHO COGNITIVO, DESEMPENHO COGNITIVO-VERBAL E PONTUAÇÃO DO DESENVOLVIMENTO.

PEP -R	Imitação		Percepção		M. Fina		M.Grossa		I. Olho-mão		D. Cognitivo		D. C. Verbal		P. Desenvolvimento	
	Pré	Pós	Pré	Pós	Pré	Pós	Pré	Pos	Pré	Pós	Pré	Pós	Pré	Pós	Pré	Pós
Pontuação	6	13	10	11	10	14	16	18	10	12	9	17	2	10	61	95
Interpretação	1a 7m	3a 4m	2a 7m	3a 1m	2a 5m	4a	3a	5a 1m	4a	4a 7m	10m	3a 1m	1a 8m	2a 11m	2a	3a 6m
Diferença	21m		6m		19m		25m		25m		7m		15m		18m	

TABELA 4 – DESEMPENHO DE JOÃO POR ÁREAS DO DESENVOLVIMENTO NO IPO: AUTOCUIDADOS, COGNIÇÃO, DESENVOLVIMENTO MOTOR, LINGUAGEM, SOCIALIZAÇÃO E GLOBAL

IPO	Autocuidados		Cognição		D. Motor		Linguagem		Socialização		Global	
	Pré	Pós	Pré	Pós	Pré	Pós	Pré	Pós	Pré	Pós	Pré	Pós
Pontuação	36	75	30	58	101	134	14	34	28	53	209	354
Interpretação	2a 4m	4a 4m	2a 1m	3a 8m	4a 2m	6a	1a 1m	2a 2m	11m	3a 1m	1a 8m	3a 5m
Diferença	24m		19m		22m		13m		26m		21m	

A Figura 111 apresenta os ganhos de João, em meses, por áreas do desenvolvimento no PEP-R e no IPO. A linha tracejada indica o que era esperado para 10 meses de intervenção. Observe que no PEP-R a criança conseguiu ganhos próximos ou acima de 10 meses na maioria das áreas, exceto em "percepção" e em "integração olho-mão". No IPO esses ganhos aconteceram em todas as áreas.

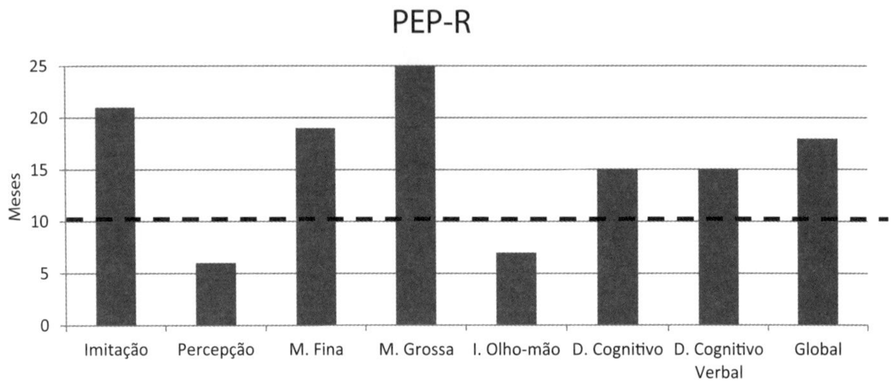

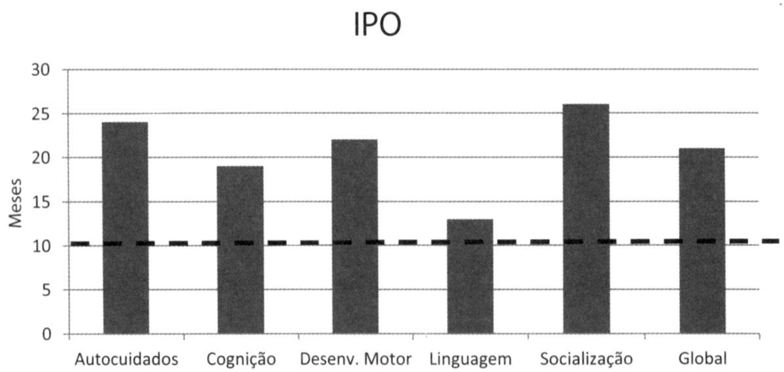

Figura 111 - Ganhos de João, em meses, por áreas do desenvolvimento no PEP-R (painel superior) e no IPO (painel inferior). A linha tracejada indica 11 meses.

10.4 CONCLUSÃO GERAL

Os casos pretenderam exemplificar o uso deste manual em contextos diferentes com crianças em idades e perfis diferentes. As duas crianças obtiveram ganhos importantes no desenvolvimento. Laura, que era menor, apresentava muitos problemas de comportamento e realizou um tempo menor de estimulação. João era mais velho, não tinha problemas de comportamento, porém apresentava um atraso maior do que Laura e por isso fez mais horas de estimulação semanal. O que há em comum nos dois casos é a descrição da viabilidade da realização das atividades por cuidadores, com a supervisão de profissionais especializados.

ENSINO SIMULTÂNEO DE IDENTIFICAÇÃO E NOMEAÇÃO PARA APRENDIZES FALANTES

Nesta edição, acrescentamos protocolos para o ensino simultâneo de habilidades de nomeação e identificação de pessoas, objetos e figuras (Figuras 112, 113 e 114), que podem ser bastante úteis para agilizar a aprendizagem de crianças falantes. Você pode optar por ensinar as duas habilidades simultaneamente quando perceber que seu aprendiz tem condições de identificar e nomear em uma mesma atividade e, nesse caso, não há a necessidade do ensino em momentos distintos. Os procedimentos utilizados serão semelhantes aos descritos nos Capítulos 7 e 8; a diferença é que você vai ensinar as duas habilidades ao mesmo tempo com um único protocolo para o registro.

O material a ser utilizado é o mesmo descrito nos Capítulo 7 e 8: fotos, objetos e figuras. O procedimento é composto por tentativas de identificação e de nomeação. Comece sempre fazendo a identificação de cada estímulo e na sequência faça a nomeação de cada um deles. Os critérios para erros e acertos, introdução de novos estímulos e aprendizagem são os mesmos descritos nos Capítulos 7 e 8. Desejamos um ótimo trabalho!

3.4 e 4.5 IDENTIFICAR E NOMEAR PESSOAS FAMILIARES

Procedimento: Obtenha a atenção do aprendiz. Nas tentativas de identificação (**I**) diga **"onde está a/o...?"** e peça ao aprendiz para selecionar (pegar ou apontar). Nas tentativas de nomeação (**N**) pergunte **"quem é esse(a)?"**. Sempre que o aprendiz acertar você deve elogiar e/ou oferecer algo que ele goste. Se o aprendiz não realizar a tentativa ou errar, você deve auxiliar para que ele acerte. Diminua as ajudas gradativamente.

Aprendiz:__________ Educador:__________ Data:__________

Fotos																				
Tentativas	**I**	**N**	**I**	**N**	**I**	**N**	**I**	**N**	**I**	**N**	**I**	**N**	**I**	**N**	**I**	**N**	**I**	**N**	**I**	**N**
Acertos																				

Acertos:__________

Aprendiz:__________ Educador:__________ Data:__________

Fotos																				
Tentativas	**I**	**N**	**I**	**N**	**I**	**N**	**I**	**N**	**I**	**N**	**I**	**N**	**I**	**N**	**I**	**N**	**I**	**N**	**I**	**N**
Acertos																				

Acertos:__________

Aprendiz:__________ Educador:__________ Data:__________

Fotos																				
Tentativas	**I**	**N**	**I**	**N**	**I**	**N**	**I**	**N**	**I**	**N**	**I**	**N**	**I**	**N**	**I**	**N**	**I**	**N**	**I**	**N**
Acertos																				

Acertos:__________

Aprendiz:__________ Educador:__________ Data:__________

Fotos																				
Tentativas	**I**	**N**	**I**	**N**	**I**	**N**	**I**	**N**	**I**	**N**	**I**	**N**	**I**	**N**	**I**	**N**	**I**	**N**	**I**	**N**
Acertos																				

Acertos:__________

Aprendiz:__________ Educador:__________ Data:__________

Fotos																				
Tentativas	**I**	**N**	**I**	**N**	**I**	**N**	**I**	**N**	**I**	**N**	**I**	**N**	**I**	**N**	**I**	**N**	**I**	**N**	**I**	**N**
Acertos																				

Acertos:__________

Aprendiz:__________ Educador:__________ Data:__________

Fotos																				
Tentativas	**I**	**N**	**I**	**N**	**I**	**N**	**I**	**N**	**I**	**N**	**I**	**N**	**I**	**N**	**I**	**N**	**I**	**N**	**I**	**N**
Acertos																				

Acertos:__________

Aprendiz:__________ Educador:__________ Data:__________

Fotos																				
Tentativas	**I**	**N**	**I**	**N**	**I**	**N**	**I**	**N**	**I**	**N**	**I**	**N**	**I**	**N**	**I**	**N**	**I**	**N**	**I**	**N**
Acertos																				

Acertos:__________

Aprendiz:__________ Educador:__________ Data:__________

Fotos																				
Tentativas	**I**	**N**	**I**	**N**	**I**	**N**	**I**	**N**	**I**	**N**	**I**	**N**	**I**	**N**	**I**	**N**	**I**	**N**	**I**	**N**
Acertos																				

Acertos:__________

PONTUAÇÃO
V – ACERTOU
X –ACERTOU COM AJUDA OU ERROU

FIGURA 112 - IDENTIFICAR E NOMEAR PESSOAS FAMILIARES

3.5 e 4.6 IDENTIFICAR E NOMEAR OBJETOS

Procedimento: Obtenha a atenção do aprendiz. Nas tentativas de identificação (**I**) diga **"me dá a/o...?"** e peça ao aprendiz para selecionar (pegar ou apontar). Nas tentativas de nomeação (**N**) pergunte **"o que é isso?"**. Sempre que o aprendiz acertar você deve elogiar e/ou oferecer algo que ele goste. Se o aprendiz não realizar a tentativa ou errar, você deve auxiliar para que ele acerte. Diminua as ajudas gradativamente.

Aprendiz:____________________ Educador:____________________ Data:____________________

Objetos																				
Tentativas	**I**	**N**	**I**	**N**	**I**	**N**	**I**	**N**	**I**	**N**	**I**	**N**	**I**	**N**	**I**	**N**	**I**	**N**	**I**	**N**
Acertos																				

Acertos:________________

Aprendiz:____________________ Educador:____________________ Data:____________________

Objetos																				
Tentativas	**I**	**N**	**I**	**N**	**I**	**N**	**I**	**N**	**I**	**N**	**I**	**N**	**I**	**N**	**I**	**N**	**I**	**N**	**I**	**N**
Acertos																				

Acertos:________________

Aprendiz:____________________ Educador:____________________ Data:____________________

Objetos																				
Tentativas	**I**	**N**	**I**	**N**	**I**	**N**	**I**	**N**	**I**	**N**	**I**	**N**	**I**	**N**	**I**	**N**	**I**	**N**	**I**	**N**
Acertos																				

Acertos:________________

Aprendiz:____________________ Educador:____________________ Data:____________________

Objetos																				
Tentativas	**I**	**N**	**I**	**N**	**I**	**N**	**I**	**N**	**I**	**N**	**I**	**N**	**I**	**N**	**I**	**N**	**I**	**N**	**I**	**N**
Acertos																				

Acertos:________________

Aprendiz:____________________ Educador:____________________ Data:____________________

Objetos																				
Tentativas	**I**	**N**	**I**	**N**	**I**	**N**	**I**	**N**	**I**	**N**	**I**	**N**	**I**	**N**	**I**	**N**	**I**	**N**	**I**	**N**
Acertos																				

Acertos:________________

Aprendiz:____________________ Educador:____________________ Data:____________________

Objetos																				
Tentativas	**I**	**N**	**I**	**N**	**I**	**N**	**I**	**N**	**I**	**N**	**I**	**N**	**I**	**N**	**I**	**N**	**I**	**N**	**I**	**N**
Acertos																				

Acertos:________________

Aprendiz:____________________ Educador:____________________ Data:____________________

Objetos																				
Tentativas	**I**	**N**	**I**	**N**	**I**	**N**	**I**	**N**	**I**	**N**	**I**	**N**	**I**	**N**	**I**	**N**	**I**	**N**	**I**	**N**
Acertos																				

Acertos:________________

Aprendiz:____________________ Educador:____________________ Data:____________________

Objetos																				
Tentativas	**I**	**N**	**I**	**N**	**I**	**N**	**I**	**N**	**I**	**N**	**I**	**N**	**I**	**N**	**I**	**N**	**I**	**N**	**I**	**N**
Acertos																				

Acertos:________________

PONTUAÇÃO
V – ACERTOU
X –ACERTOU COM AJUDA OU ERROU

FIGURA 113 -IDENTIFICAR E NOMEAR OBJETOS

3.6 e 4.7 IDENTIFICAR E NOMEAR FIGURAS

Procedimento: Obtenha a atenção do aprendiz. Nas tentativas de identificação (**I**) diga **"me dá a/o...?"** e peça ao aprendiz para selecionar (pegar ou apontar). Nas tentativas de nomeação (**N**) pergunte **"o que é isso?"**. Sempre que o aprendiz acertar você deve elogiar e/ou oferecer algo que ele goste. Se o aprendiz não realizar a tentativa ou errar, você deve auxiliar para que ele acerte. Diminua as ajudas gradativamente.

Aprendiz:______________ Educador:______________ Data:______________

Figuras																		
Tentativas	**I**	**N**	**I**	**N**	**I**	**N**	**I**	**N**	**I**	**N**	**I**	**N**	**I**	**N**	**I**	**N**	**I**	**N**
Acertos																		

Acertos:______________

Aprendiz:______________ Educador:______________ Data:______________

Figuras																		
Tentativas	**I**	**N**	**I**	**N**	**I**	**N**	**I**	**N**	**I**	**N**	**I**	**N**	**I**	**N**	**I**	**N**	**I**	**N**
Acertos																		

Acertos:______________

Aprendiz:______________ Educador:______________ Data:______________

Figuras																		
Tentativas	**I**	**N**	**I**	**N**	**I**	**N**	**I**	**N**	**I**	**N**	**I**	**N**	**I**	**N**	**I**	**N**	**I**	**N**
Acertos																		

Acertos:______________

Aprendiz:______________ Educador:______________ Data:______________

Figuras																		
Tentativas	**I**	**N**	**I**	**N**	**I**	**N**	**I**	**N**	**I**	**N**	**I**	**N**	**I**	**N**	**I**	**N**	**I**	**N**
Acertos																		

Acertos:______________

Aprendiz:______________ Educador:______________ Data:______________

Figuras																		
Tentativas	**I**	**N**	**I**	**N**	**I**	**N**	**I**	**N**	**I**	**N**	**I**	**N**	**I**	**N**	**I**	**N**	**I**	**N**
Acertos																		

Acertos:______________

Aprendiz:______________ Educador:______________ Data:______________

Figuras																		
Tentativas	**I**	**N**	**I**	**N**	**I**	**N**	**I**	**N**	**I**	**N**	**I**	**N**	**I**	**N**	**I**	**N**	**I**	**N**
Acertos																		

Acertos:______________

Aprendiz:______________ Educador:______________ Data:______________

Figuras																		
Tentativas	**I**	**N**	**I**	**N**	**I**	**N**	**I**	**N**	**I**	**N**	**I**	**N**	**I**	**N**	**I**	**N**	**I**	**N**
Acertos																		

Acertos:______________

Aprendiz:______________ Educador:______________ Data:______________

Figuras																		
Tentativas	**I**	**N**	**I**	**N**	**I**	**N**	**I**	**N**	**I**	**N**	**I**	**N**	**I**	**N**	**I**	**N**	**I**	**N**
Acertos																		

Acertos:______________

PONTUAÇÃO
V – ACERTOU
X –ACERTOU COM AJUDA OU ERROU

FIGURA 114-IDENTIFICAR E NOMEAR FIGURAS

CONSIDERAÇÕES FINAIS

O desenvolvimento de uma criança com autismo pode ser bastante interessante e desafiador. Há casos em que a criança é capaz de fazer coisas bem difíceis, como montar um quebra-cabeça complexo em segundos ou decorar todos os diálogos de um desenho animado. Porém, essa mesma criança pode apresentar dificuldades em fazer coisas triviais, como olhar para uma pessoa que a chama pelo nome, responder a cumprimentos ou atender a instruções simples como "dê tchau" ou "mande um beijo".

As habilidades básicas descritas neste livro consistem em um conjunto de comportamentos simples e comuns, necessários a interação social, comunicação e linguagem, áreas tipicamente afetadas nos Transtornos do Espectro do Autismo. Ensinar essas habilidades a crianças com autismo pode ser fundamental para melhorar o desenvolvimento como um todo, pois de nada adianta saber montar um quebra cabeça complexo e não brincar com outras crianças ou decorar falas de um desenho animado, mas não manter diálogo com outras pessoas.

No processo educacional de crianças típicas (sem atrasos ou alterações no desenvolvimento) nós ensinamos a elas todas as habilidades básicas descritas neste livro, por exemplo, a olhar quando chamamos, sentar, esperar, seguir instruções, imitar outras pessoas, nomear coisas e organizar objetos por semelhança. Porém, o ensino é tão natural que nem percebemos que verdadeiramente ensinamos esses comportamentos. No caso das crianças com autismo, também devemos ensinar essas habilidades, porém é importante ressaltar que elas podem apresentar dificuldades em aprender pelos métodos de ensino convencionais e necessitar de adequação na maneira como essas habilidades serão ensinadas.

A diferença fundamental entre ensinar habilidades básicas para crianças típicas ou com autismo é que as crianças com autismo aprendem melhor em situações de ensino estruturado e sistematizado e pode acontecer de elas não aprenderem "naturalmente", como acontece com as crianças típicas. O ensino para uma criança com autismo deve ser adequado às características dela e as oportunidades devem ser repetidas quantas vezes forem necessárias para que a aprendizagem aconteça. É importante ressaltar que o autismo é um transtorno caracterizado por atraso no desenvolvimento e dificuldades de aprendizagem, por isso ensinar a essas crianças da mesma maneira que se ensina a crianças sem autismo pode ser pouco efetivo.

Algumas pessoas tendem a achar que "estruturar" e "sistematizar" pode tornar o ensino artificial, repetitivo e a criança com autismo "robotizada". Elas têm razão ao achar que o ensino é artificial e repetitivo, porém não deixará a criança inevitavelmente robotizada. Além disso, contextos artificiais de aprendizagem não são necessariamente um problema e também não são exclusivos da área do autismo: alunos em cursinho pré-vestibular, astronautas em treinamento ou dançarinos em preparação para um espetáculo são exemplos de contextos estruturados e sistematizados de aprendizagem. Apesar disso, não costumamos achar que essas pessoas se tornam robôs após essas experiências de aprendizagem.

Outro aspecto importante é que contextos de aprendizagem artificias e repetitivos podem ser necessários e fundamentais em algumas situações de ensino. Imagine um lutador profissional se preparando para uma competição: 1- o lutador não nasce sabendo os golpes e precisará aprendê-los; 2-geralmente treina-se os golpes que serão necessários para a luta de maneira exaustiva e repetitiva; 3- ver o lutador treinando os golpes pode nos dar a impressão de que ele se comporta como um robô; 4- o lutador começa treinando os golpes mais fáceis e gradativamente vai aprendendo os mais difíceis e complexos; 5- o lutador repete os golpes para ter o máximo de controle dos movimentos e espera-se que isso lhe dê vantagem na hora da luta, pois com um bom domínio ele tende a acertar mais e, consequentemente, apanhará menos do adversário; 6- se o lutador escolhesse aprender a lutar no contexto natural, ao invés dos treinamentos artificiais, provavelmente ele não passaria do primeiro minuto da luta; 7- ao ver o lutador fazendo uma excelente luta, não achamos que ele virou um robô por repetir os golpes; ao contrário, tendemos a achar que todo o esforço valeu a pena. Dessa maneira, podemos perceber que em muitos contextos o ensino artificial pode ser vantajoso. No caso de crianças com autismo, os contextos artificiais e repetitivos também podem ser benéficos, pois são situações planejadas e protegidas de aprendizagem. Ensinar habilidades básicas a crianças com autismo sem um bom planejamento, estruturação e sistematização é como colocá-las em um ringue de luta e esperar que elas aprendam a lutar sozinhas.

As atividades deste manual foram organizadas, de maneira estruturada e sistemática, para auxiliar no ensino de habilidades básicas. As tarefas e os protocolos foram planejados para que você consiga ensinar com qualidade e simultaneamente muitos comportamentos fundamentais para sua criança com autismo. Apesar de o ensino sistemático ser benéfico, essa não precisa ser a única forma de aprendizagem; o educador pode combinar o ensino em situações artificiais com situações naturais para obter resultados mais satisfatórios.

Desejamos que este material possa auxiliar no desenvolvimento de sua criança com autismo e que ela possa aprender comportamentos cada vez mais complexos, que contribuirão para que ela se torne um adulto mais independente, incluído socialmente e feliz!

REFERÊNCIAS

Aiello, A. L. R. (2002). ***Identificação precoce de sinais de autismo. Sobre comportamento e cognição: Contribuições para a construção da Teoria do Comportamento***, 13-29.

American Psychiatry Association. (2013). ***Diagnostic and statistical manual of mental disorders - DSM-5 (5th ed). Washington: American Psychiatric Association.***

Andalécio, A., Gomes, C., Silveira, A., Oliveira, I., & Castro, R. (2019). ***Efeitos de 5 anos de intervenção comportamental intensiva no desenvolvimento de uma criança com autismo. Revista Brasileira de Educação Especial***, 25(3), 389-402. https://doi.org/10.1590/s1413-65382519000300003

Baer, D. M., Wolf, M. M., & Risley, T. R. (1987). ***Some still-current dimensions of applied behavior analysis. Journal of Applied Behavior Analysis***, 20(4), 91-97.

Ferster, C. (1961). ***Reinforcement and Behavioral Defects of Autistic Children. Child Devel***, 32, 437.

Bondy, A. S., & Frost, L. A. (1994). ***The picture exchange communication system. Focus on autistic behavior***, 9(3), 1-19.

Gomes, C. G. S. (2015). ***Ensino de leitura para pessoas com autismo.*** Curitiba: Appris.

Gomes, C. G. S., & Silveira, A. D. (2016). ***Ensino de habilidades básicas para pessoas com autismo: Manual para Intervenção Comportamental Intensiva.*** Curitiba: Appris.

Gomes, C. G. S., de Souza, D. das G., Silveira, A. D., & Oliveira, I. M. (2017). ***Intervenção Comportamental Precoce e Intensiva com Crianças com Autismo por Meio da Capacitação de Cuidadores. Revista Brasileira de Educação Especial,*** 23(3), 377-390. https://doi.org/10.1590/s1413-65382317000300005

Gomes, C. G. S., de Souza, D. das G., Silveira, A. D., Rates, A. C., Paiva, G. C. de C., & Castro, N. P. de. (2019). ***Efeitos da Intervenção Comportamental Intensiva realizada por meio da capacitação de cuidadores de crianças com autismo. Psicologia: Teoria e Pesquisa***, 35, e3523. https://doi.org/10.1590/0102.3772e3523

Leon, V. C., Bosa, C. A., Hugo, C. N., & Hutz, C. (2004). ***Propriedades psicométricas do Perfil Psicoeducacional Revisado: PEP-R. Avaliação Psicológica***, 3(1), 39-52.

Lovaas, O. I. (1987). ***Behavioral treatment and normal educational and intellectual functioning in young autistic children. Journal of Consulting and Clinical Psychology***, 55(1), 3-9.

Medavarapu, S., Marella, L. L., Sangem, A., & Kairam, R. (2019). ***Where is the evidence? A narrative literature review of the treatment modalities for Autism Spectrum Disorders.*** Cureus, 11(1). Recuperado em 12 de agosto de 2020 de https://www.cureus.com/articles/16481-where-is-the-evidence-a-narrative-literature-review-of-the-treatment-modalities-for-autism-spectrum-disorders

Peeters, T. (1998). ***Autismo: entendimento teórico e intervenção educacional. Cultura Médica.***

Romanczyk, R. G., & McEachin, J. (Eds.). (2016). ***Comprehensive models of autism spectrum disorder treatment: Points of divergence and convergence.*** New York: Springer.

Schopler, E., Reichler, R. J., Bashford, A., Lansing, M. D., & Marcus, L. M. (1990). ***Individualized assessment and treatment for autistic and developmentally disabled children: Psychoeducational Profile-Revised (PEP-R).*** Austin (TX): Pro- Ed.

Sidman, M. (1995). Coerção e suas implicações. Editorial Psy.

Silva, de Mendonça Filho, & Bandeira (2020). ***Inventário Dimensional de Avaliação do Desenvolvimento Infantil.*** Vetor Editora.

Skinner, B. F. ***The technology of teaching. New York: Appleton-CenturyCrofts***, 1968.

Skinner, B. F., & Vaughan, M. E. (1985). ***Viva bem a velhice.*** Grupo Editorial Summus.

Smith, T., Buch, G. A., & Gamby, T. E. (2000). ***Parent-directed, intensive early intervention for children with pervasive developmental disorder. Research in Developmental Disabilities,*** 21(4), 297-309.

Todorov, J. C., & Hanna, E. S. (2010). ***Análise do Comportamento no Brasil. Psicologia: Teoria e Pesquisa,*** 26, 143-153.

Virués-Ortega, J. (2010). ***Applied behavior analytic intervention for autism in early childhood: Meta-analysis, meta-regression and dose-response meta-analysis of multiple outcomes. Clinical psychology review***, 30(4), 387-399.

Warren, Z., McPheeters, M. L., Sathe, N., Foss-Feig, J. H., Glasser, A., & Veenstra-VanderWeele, J. (2011). ***A systematic review of early intensive intervention for autism spectrum disorders. Pediatric***s, 127(5), 1303-1311.

Willians, L. A., & Aiello, A. L. R. (2001). ***Inventário Portage operacionalizado.*** São Paulo: Mennon.